SHOUXIAN WENSHI ZILIAO
（DI SHI JI）
XUNYI CHUNSHENJUN

（第十辑）

寻绎春申君

寿县政协文化文史和学习委员会◎编

时代出版传媒股份有限公司
安徽文艺出版社

图书在版编目（CIP）数据

寿县文史资料. 第十辑，寻绎春申君 / 寿县政协文化文史和学习委员会编. -- 合肥 : 安徽文艺出版社，2024. 12. -- ISBN 978-7-5396-8254-9

Ⅰ．K295.4

中国国家版本馆 CIP 数据核字第 2024PG4424 号

出 版 人：姚　巍
责任编辑：张　磊　　　　　　　装帧设计：张诚鑫

⋯⋯⋯⋯⋯⋯⋯⋯⋯⋯⋯⋯⋯⋯⋯⋯⋯⋯⋯⋯⋯⋯⋯⋯⋯⋯⋯⋯⋯⋯⋯

出版发行：安徽文艺出版社　　www.awpub.com
地　　　址：合肥市翡翠路 1118 号　　邮政编码：230071
营 销 部：(0551)63533889
印　　制：安徽联众印刷有限公司　　(0551)65661327

⋯⋯⋯⋯⋯⋯⋯⋯⋯⋯⋯⋯⋯⋯⋯⋯⋯⋯⋯⋯⋯⋯⋯⋯⋯⋯⋯⋯⋯⋯⋯

开本：710×1010　1/16　印张：15　字数：200 千字
版次：2024 年 12 月第 1 版
印次：2024 年 12 月第 1 次印刷
定价：68.00 元

⋯⋯⋯⋯⋯⋯⋯⋯⋯⋯⋯⋯⋯⋯⋯⋯⋯⋯⋯⋯⋯⋯⋯⋯⋯⋯⋯⋯⋯⋯⋯

（如发现印装质量问题，影响阅读，请与出版社联系调换）

《寻绎春申君》编委会

主　　任：李　琼

副 主 任：朱运阔　施性平　李尧利　余澄清　吴　标　孙纯珠

委　　员：张应树　李广敏　夏先兵　龙　军　周大兵　王　铁

主　　编：朱运阔

执行主编：孙纯珠

副 主 编：张应树　李广敏

编　　辑：赵鸿冰　楚仁君　时本放　王晓珂

目　录

同享共春

序

鉴往知来　砺行致远

随着淮南武王墩大墓的发掘和开启,楚国的神秘面纱被层层揭开,楚国历史文化又一次成为人们关注、研究的热点。与楚考烈王同时代的春申君黄歇,也再一次进入大众的视野,对其生平研究、遗迹探寻、故里畅游等文旅活动再起波澜,《寿县政协文史资料第十辑·寻绎春申君》应运而生。书中辑录了二十二篇省内外专家、学者研究春申君的文章,让读者能够比较全面地了解春申君黄歇的一生、他为楚国所做的贡献,以及他为后世留下的丰厚文化遗产。

春申君黄歇是战国晚期楚国的一名辩士,因游学博闻、善于雄辩而得到楚王的重用。他活跃于战国时期的楚国政坛,先后辅佐楚顷襄王、楚考烈王两代君王,与魏国的信陵君魏无忌、赵国的平原君赵胜、齐国的孟尝君田文并称为"战国四公子"。为相期间,他纵横驰骋于楚国政治舞台二十五载,挂印封侯,辅佐朝政,扬名天下,在群雄奋起的战国时代留下了浓墨重彩的一笔。

历史没有韵脚,没有虚构,没有开头和结尾,但是历史有气象,有情节,有收纵,有因果,有无数四处闪烁的明亮碎片。八百年楚国把最后一段时光给了寿县,在十八年的历史年轮上,此地曾留下春申君黄歇操劳国事、济世安民的身影和足迹。春申君是楚都寿春的建造者、经营者,也是富庶江东的开拓者,作为从寿县这块土地上走出去的一代历史名人,他在寿县历史的星空里闪耀着炫目的光芒,成为寿县历史上最具传奇色彩的重要人物。

春申君一生的功绩体现在以下四个方面:一是大义。他主动请缨,舍身救国,甘为人质,陪同楚太子熊完在秦国卧薪尝胆十年,传奇般地化险为夷,又避开刀光剑影,扶助太子完成王位登基。他先后辅佐楚国的两代君主,成就强楚兴国大业。司马迁评价他说:"以身徇君,遂脱强秦,使驰说之士南乡走楚者,黄歇之义。"二是大智。他临危受命,一纸《上秦王书》,勇退大秦帝国百万雄兵,力挽狂澜,使楚国历史延长了大半个世纪,留下了千年不尽的才子佳话。三是大才。他周游列国,广结名士,积累了丰富的治国理政经验;领兵救赵,解邯郸之围;统五国雄兵,合纵抗秦。苏东坡曾赞曰:"宏才伟略,大度深思,三千珠履,百万雄兵,名列四杰,声振华夏。"四是大德。他请封江东吴地,十年间不畏艰辛、不辞辛劳,带领百姓修筑堤坝,疏浚河道,治水兴利,根除水害,使江南大地农业生产兴旺发达,成为宜业宜居之地。

历史相连,文脉相契。纵观春申君的人生足迹和历史功绩,他集大义、大智、大才、大德于一身,承齐家、治国、平天下于一体,开启了江淮楚文化、河洛文化走向吴越文化的历史一页,迈出了中国经济重心由中原到江淮,再向东南推进的重要一步。可以说,正是由于两千多年前春申君的治理开发,上海如今才发展成为国际化大都市,更奠定了今日以上海为中心的长三角经济圈快速崛起与繁荣发展的基础,这也成为我们今天挖掘、研究历史名人春申君的重要现实基点。同时,这一共同的历史文脉和文化传承,也为春申故地寿县与上海等地构建了天然的合作纽带和交流平台,为加强寿县与长三角地区其他城市经贸往来、文旅融合、人文交流等方面合作奠定了坚实基础。

历史是最好的教科书,也是最好的清醒剂。寿县历史文化积淀十分丰厚,是一座浸润着深厚文化底蕴的千年古城,包括春申君黄歇在内的众多历史名人从这里走向神州大地,为世人所熟知、所景仰。春申君在楚国为相二十五载,其中在寿县就度过了十五年时光,留下了寿春城遗址、寿县古城墙、西南小城遗址（春申君居所）、春申君陵园、春申君广场和铜像等历史遗存和纪念建筑。这些文化遗产不仅是历史的见证，更是我们今天的宝贵财富。春申君作为寿县历史上的重要人物，在历史发展的进程中留下了自己的意志和印记，影响了楚国历史的走向，为后世留下许多人生智慧和经验教训，是我们以史鉴今、资政育人的生动教材，也是发挥优势、推进寿县文旅高质量发展的重要资源。

历史最有价值，文化最有亲和力、生命力。随着全球经济一体化进程的加快，文化品牌作为一种软实力在区域经济发展中的助力作用正日益凸显。寿县历史文化因楚相黄歇而厚重，寿县古城更因春申君而扬名。弘扬历史文化，建设文化强县，促进文旅高质量发展，是当前和今后一个时期必须认真面对、理性选择和着手实践的选题和路径。"存史、资政、团结、育人"是政协文史工作的职责和使命，丰富浩瀚的史料中蕴藏着深刻的历史经验和历史规律。该书不仅是对春申君生平事迹的挖掘整理，更是从弘扬中华优秀传统文化的角度来探寻楚国何以"寿春"、文化何以"寿春"的传承轨迹。

按照习近平总书记"要系统梳理传统文化资源，让收藏在禁宫里的文物、陈列在广阔大地上的遗产、书写在古籍里的文字都活起来"的要求，寿县政协正确把握传承和创新的关系，发挥政协文史以史明道、以史交友的功能，联合各方力量，利用各种创新形式，让《寻绎春申君》的史料立体生动起来、活起来、火起来，以文化人、以文惠民、以文润城、以文兴业、以文塑旅，让今日之寿县以从未有过的崭新面貌和勃勃生机，告慰春申君；让优秀的传统文化在这片土地上传承赓续，且寿且春！

是为序。

政协寿县委员会主席　李　琼

2024 年 8 月

其人其事

从《史记·春申君列传》观春申君之人物特征

汪 遒

太史公司马迁作列传有七十，"战国四公子"位列其中。司马迁在《史记·太史公自序》中介绍了选取春申君的原因——"以身徇君，遂脱强秦，使驰说之士南乡走楚者，黄歇之义。作《春申君列传》第十八"。这突显春申君的事君能力，通过自身的贤能为国家做出贡献。春申君是战国时期盛行的养士之风、游说之风的杰出代表。战国时期处在分封制向中央集权时代的过渡时期，通过对春申君人物特征的研究，可以给当前时代一些有益的借鉴。

一、春申君：出身显赫，官至卿相

春申君黄歇出身显赫，是楚顷襄王之弟。《史记·游侠列传》中介绍："近世延陵、孟尝、春申、平原、信陵之徒，皆因王者亲属，藉于有土卿相之富厚，招天下贤者，显名诸侯。"其因皇亲国戚的重要身份和独一无二的贡献而位高权重。他曾以"两虎相与斗而驽犬受其弊"的原因劝服秦昭襄王放弃攻楚的计划，使楚国免于被秦国侵略之境地。太子完质于秦无法归国继位之时，他舍身遣送太子完离秦返国，为太子完继承楚王之位立下大功。太子完被立为楚王，春申君黄歇也被立为相。他先后侍奉了楚顷襄王、考烈王两位君主,是当时楚国显赫一时的大人物。

二、春申君的人物特征

《史记·春申君列传》中主要记录了春申君的三件事:谏秦王、权利弊劝其放弃伐楚;舍命遣太子完自秦返楚继承王位;因传说的李环,故与李园结怨而惨遭杀害。中间穿插了平原君使者来访斗富的趣事,春申君的雄才大略、舍生取义、超俗不凡等特征跃然纸上,后世再读春申君,颇有意趣。

(一)心怀雄才大略:一名胸怀天下的权臣

春申君的前半生,目标是非常明确的,即为楚国(或可以准确地说为楚王)鞠躬尽瘁。在楚国遭受秦国猛攻而节节败退,被迫迁都,有灭国之灾的情况下,楚顷襄王因春申君巧言善辩的特点,特派其出使秦国。春申君不负众望,以三寸不烂之舌,将秦国攻打楚国之利害陈述得层层递进,使秦"止白起而谢韩、魏。发使赂楚,约为与国"。在与秦国约纵归楚后,他又受命陪同太子完返秦做人质,表现出了不畏艰险、敢于面对困难的精神。而在骗取秦王信任,将太子完乔装送回楚国后,他又独自赴秦昭襄王处请死,表现出为了国家利益而有勇有谋、先国后己的大智大勇。

(二)因人因事施策:一个目标导向的能人

春申君为实现目标殚精竭虑,采取因人因事施策的方法。在秦王伐楚的关键时刻,采取上书谏言的方式,论辩十分精彩,为秦王绘制了一张十分完整的"得失图",最终说服秦王,使其放弃攻楚的打算。而在采取何种方式能使做人质的太子完返回楚国继承王位之事上,更显示出春申君谋人谋事之高超。他先找到与太子完交好的秦相应侯,让这位能在秦王处"说上话"的应侯在秦王前劝说秦王释放太子完,这也为其后快被秦王怒杀之际被救埋下伏笔。

（三）超越时代局限：一个后事之师的对象

春申君无法超越时代局限，他的人物特征中也包含着后世需要警醒的地方。

其一，春申君黄歇与李环之事，现说法不一，多数人认为是虚构的故事，但以后与李园构恶结怨被杀害，是有据可查的。李园企图杀害春申君以绝后患。虽有门客朱英发现了这一秘密并禀告春申君，但其因犹豫不决，最终被"斩其头，投之棘门外"。

其二，春申君自命不凡。《史记·春申君列传》中还插入了一小段趣事，平原君派门客来访，门客穿得珠光宝气来彰显自己，但春申君毫不示弱，让自己的门客穿着带珠宝的鞋子来迎接客人，所作所为十分俗气。这种比富的心态也从侧面呈现出春申君自命不凡的一面。

在《史记·春申君列传》中，司马迁所描绘的春申君既有雄韬武略，也有小事逸事。在那个纷争与智慧并存的战国时代，中华大地正处于农耕社会中的分权向集权的变革期，对楚地后世之人而言，春申君颇有启智之意义。抛开种种因时代局限所展示出的个人缺陷，我们更应看到他所带来的示范作用：将家国情怀置于前，所作所为具有明确的方向性，落实在每一个具体的行动中且常常修正。

（本文选自上海安徽经济文化促进会寿县分会编印的《春申君论坛文集（第二辑）》。作者系复旦大学国际关系与公共事务学院博士、上海安徽经济文化促进会教育科技专业委员会副秘书长）

春申君的朋友圈

——兼论黄歇的真正身份和"楚考烈王无子"不可信

金 妤

　　根据史料记载，如果春申君黄歇的生卒年代界定在公元前314年至前238年，那么，纵观其一生，可谓大器晚成，登上列国间的政治舞台时已四十多岁，五十多岁成为楚国令尹，然后驰骋于政治舞台二十五年，其功过成败史家都有精彩的评述。笔者自认为大抵可以用"智""忠""昏"三字来概括其人生的不同阶段："智"是黄歇刚登上列国舞台的智勇表现；"忠"是黄歇在主政楚国的不贰用心；"昏"是黄歇年老时候的刚愎失算。

　　无论是"智""忠"还是"昏"，黄歇的所作所为都是在一定条件下形成的。这个条件包括他人的认可、协同、支持、相助，这些人就形成了黄歇的朋友圈。作为一名政治家，黄歇朋友圈中的很多人都是当时的政治家或名人，厘清这些人与黄歇的关系，在一定程度上能够呈现楚国政治、外交路线，展示黄歇政治、外交能力，再现战国晚期风云变幻的国际形势和强弱态势。

　　若是对黄歇朋友圈的人进行分类的话，大致可分为最亲近的人、用得上的人以及门人。这些人对黄歇的不同作用，导致了他的"智""忠""昏"。对春申君朋友圈里的人进行比较深入的探究，便会发现围绕在黄歇身上的一些历史疑惑和不甚清晰的问题，比如，黄歇的真正身份、是不是楚幽王的生父、是不是上海的开山鼻祖、司马迁看到过的春申君宫殿在哪里、春申君妻子和儿子的故事……翻阅各种史料，进行对比、分析、推断，答案就会浮出水面。由此,一个有血有肉、眉目清晰的春申君形象,就生动地立在我们眼前了。同时,那些与春申君黄歇有关联的历史人物,也在我们眼前鲜活起来。

一、最亲近的人:楚考烈王

黄歇的生死沉浮可以说与楚考烈王息息相关,如果撇开不可逾越的等级,则可将黄歇与考烈王视为"焦不离孟、孟不离焦"的铁杆兄弟。

(一)黄歇是考烈工的工叔

实际上,关于黄歇的身份,司马迁在写《史记》的时候已经把他界定为楚国的公子——楚王的一个庶子。在《史记·游侠列传》中,司马迁这样写道:"近世延陵、孟尝、春申、平原、信陵之徒,皆因王者亲属,藉于有土卿相之富厚,招天下贤者,显名诸侯,不可谓不贤者矣。"班固在《汉书·游侠列传》中也有类似的描述:"魏有信陵、赵有平原、齐有孟尝、楚有春申,皆借王公之势,竞为游侠。"信陵、平原、孟尝、春申四人便是大名鼎鼎的"战国四公子",而成为"战国四公子"的一个条件就是"王者亲属"(司马迁语),能够"皆借王公之势"(班固语)。

近现代一些著名学者(如钱穆、杨宽等)也持这样观点,认为黄歇是楚国的一位公子,是楚怀王的一个儿子、楚顷襄王的一个兄弟。只有具备王室的身份,黄歇才有可能成为楚国的左徒以及"战国四公子"之一。

钱穆在《先秦诸子系年考辨》中说:"春申君以王弟身份当左徒,左徒一职历史上由王室担任。"左徒是楚国特有的官名,史书上为我们呈现的是:在黄歇之前担任过左徒的人是屈原。屈原与楚王同姓——"屈原者,名平,楚之同姓也。为楚怀王左徒。"(《史记·屈原列传》)到楚怀王儿子楚顷襄王时,黄歇就担任左徒。楚国朝廷中重要的官职一般都由王室成员或者贵族成员担任，屈原是楚国的贵族，芈姓屈氏。几百年前，楚武王的儿子熊瑕因为封于屈地，便以屈为姓，史称屈瑕，屈原即为他的后人。所以说，屈原能够担任左徒，首先是其身份准入。通过屈原，我们大抵知道左徒是个什么样的官职——"入则与王图议国事，以出号令；出则接遇宾客，应对诸侯。"（《史记·屈原列传》）这样一个重要职位，一般平民子弟在当时是难以企及的。

黄歇在楚顷襄王时就担任左徒了，而到了他辅佐的太子——顷襄王的儿子熊完成为考烈王之后，他则由左徒晋升为令尹。"考烈王以左徒为令尹。"（《史记·楚世家》）令尹是楚国在春秋战国时代的最高官衔，对内主持国事，对外主持战争，总揽军政大权于一身。令尹的担任者是楚国贵族中的贤能之士，多为楚国国姓芈姓（包括熊氏、若敖氏、蓮氏、屈氏、昭氏、景氏、彭氏），也有少数外姓人氏——比如吴起——这是特殊时期的特殊现象。而黄歇，应该也是楚国国姓后裔，黄是氏不是姓，可能因为他受封于黄地，或者是出生于黄地，才以"黄"为氏。就像商鞅，原本是卫国的一位公子，本应该跟周天子一样姓姬，但由于他出生在卫国，所以就以"卫"为氏，被称为卫鞅。后来他到秦国受封商君，又称商鞅。钱穆在《先秦诸子系年考辨》中以申包胥为例，说明黄歇的身份："申包胥《战国策》作棼冒勃苏，棼冒即蚡冒，勃苏即包胥。盖楚武王兄蚡冒之后，食邑于申，因以为氏。然则黄歇犹申包胥之例，其先或封于黄耳。"

楚国的令尹中还有一位不是楚国王族的人，他就是李园。李园虽然不是楚国贵族出身，但是他是王后之兄，以国舅身份，派人杀死黄歇，自己取代令尹一职。在中国封建社会中，李园恐怕是以外戚身份夺权、当政的较早之人。令尹职位的重要性注定了当任者必须与楚王同宗同脉，这样家国利益才能得到捍卫。因此，在楚考烈王即位之后，身为王叔的黄歇才能成为令尹。如果黄歇没有王叔这个特殊身份，成为令尹的道路肯定不会通畅——

一人之下，万人之上的职位让多少人垂涎？这些人又都是王公贵族，令尹候选人的条件（家世、品德、能力等）要是稍有一点瑕疵，那些王公贵族肯定不会放过。所以，黄歇只有是楚考烈王的近亲，加上他为考烈王所做的一切，才能让他顺理成章地成为楚国令尹。

黄歇是楚怀王的一个儿子，正史上虽然没有非常明确的记载，但是韩非在《奸劫弑臣》中则清楚地写道："楚庄王之弟春申君。"对这个信息，钱穆做了认真的考证，明确地说："楚顷襄王又称庄王，其说可信。""韩非亲与春申同时，其言当可信。""四君并称，如信陵、平原、孟尝皆贵戚，知春申正亦以王弟当朝。""左徒既要职，谅无留秦十年侍太子久不归之理。"韩非的老师荀子与黄歇有过交往，作为韩国公子的韩非本人，也基本上与黄歇生活在同一个时代，所以，韩非的话应该比司马迁（司马迁晚生黄歇一百多年）的话更接近历史真实。由于秦始皇的"焚书坑儒"，战国时期各国的大量图书被焚，造成后代学者对战国时期各国的历史（除秦国）甚感模糊不清，因此韩非的《奸劫弑臣》等文典被作为间接补遗史书，成为中国先秦时期史料重要的参考来源之一。

如果黄歇是楚怀王儿子的话，那么，他与由一部电视剧而妇孺皆知的人物芈月（史书上没有这个名字，但有芈八子和秦宣太后的记载）有可能是姑侄关系，至少他们都是楚国宗室的后代，辈分上相差一辈。史书记载，芈八子是楚国人，很可能是在楚威王的时候，随着秦惠文王嫁到秦国的，成为秦惠文王的姬妾，生下公子嬴稷。公元前306年，秦惠文王的儿子秦武王因举鼎而死。赵武灵王派人将在燕国作为人质的公子嬴稷送回秦国。在芈八子同母异父弟魏冉的帮助下，公子稷继位，即秦昭襄王，芈八子晋升为宣太后。因秦昭襄王年幼，宣太后以太后之位主政，魏冉辅政。

（二）陪太子在秦国做人质

如果黄歇是楚顷襄王的一个兄弟的话，历史上关于他许多事的记载，读者就会认为更加合情合理了。比如,在楚国面临灭顶之灾时,楚顷襄王被迫把都城向东迁往陈县(今河南淮阳),国家岌岌可危,楚顷襄王只能向秦国求和。派谁出使秦国最合适?此时,秦国执掌大权的宣太后是楚国嫁过去的人,有可能还与楚顷襄王有一定的血缘关系(姑侄关系),那样的话,秦昭襄王与楚顷襄王还是表兄弟。家国亲情之下,只有选派与宣太后有一定宗族关系的人前往,才会有比较好的结果。这个时候,黄歇浮出历史的水面,不单是其才华能力使然,还很可能是由于他的家世身份——他若是楚顷襄王弟弟的话,就是秦宣太后的娘家人。

公元前 273 年,黄歇出使秦国的结果是挽救了楚国。当时情况是,黄歇到达秦国时,秦昭襄王已命令白起同韩国、魏国一起进攻楚国,正准备出发。黄歇听到这个消息后,赶紧上书劝秦昭襄王说:秦国和楚国是最强大的两个国家,如果秦国欲攻打楚国,必然会导致两败俱伤,很容易使韩、赵、魏、齐等国家得渔翁之利。还不如让秦国和楚国结盟,然后联合起来一起对付其他国家。有着楚人血统的秦昭襄王被黄歇成功说服,阻止了白起出征,派使臣给楚国送去厚礼,与楚国缔结盟约,互为友国。黄歇接受盟约后回到楚国,为表明诚意,楚顷襄王派黄歇和太子熊完作为人质到秦国,直到楚顷襄王病重,黄歇才冒着生命危险让太子回到楚国。太子熊完成为楚考烈王之后,黄歇也回到楚国,被任命为令尹。

在黄歇的朋友圈里,最亲近的人理应是楚考烈王,无论是血亲之情还是师生之谊,以及后来的君臣之义,黄歇与考烈王的感情绝对是久经考验且亲密有加的。黄歇陪伴考烈王三十五年,于同一年死亡。

最能证明这份感情的就是被司马迁称为"何其智之明也"的"出身遣楚太子归"的壮举:"楚使歇与太子完入质于秦,秦留之数年。楚顷襄王病,太子不得归。""黄歇为楚太子计曰:'秦之留太子也,欲以求利也。今太子力未能有以利秦也,歇忧之甚。而阳文君子二人在中,王若卒大命,太子不在,阳文君子必立为后,太子不得奉宗庙矣。不如亡秦,与使者俱出。臣请止,以死当之。'楚太子因变衣服为楚使者御以出关,而黄歇守舍,常为谢病。度太子已远,秦不能追,歇乃自言秦昭土曰:'楚太子已归,出远矣。歇当死,愿赐死。'"

从司马迁的记载中可以看出,黄歇在面对楚王重病、太子在秦国做人质而秦不让太子回国情况下所做出的壮举,显示出为太子归国继承王位而勇于献出生命的凛然之气。作为太子在秦国的陪伴者和老师,黄歇处理这件事的时候,虽然包含很多的师生之情,但是,面对强秦的不准许,光有师生之情是不会让黄歇有如此大的勇气来"以死当之"的,更多的应该是一个楚国王族为了楚国的安危考虑,让太子这个王位合法的继承人顺利地接替王统,而不让王位旁落到顷襄王儿子之外的王族手中,那样的话,楚国的王族子弟极有可能会为王位而竞相残杀,国家会陷入混乱之中。

由于黄歇的冒死当之,太子熊完顺利回国,在楚顷襄王去世之后顺利地继承王位成为楚考烈王。在秦国十年与黄歇相依为命的生活,让楚考烈王对黄歇有强烈的依赖感;黄歇对各种事情的管理和处置,也让楚考烈王对黄歇的能力有充分的认识和欣赏。所以,他登上王位后,令尹一职,黄歇是铁定的人选。事实证明,楚考烈王与春申君黄歇携手治理下的楚国,在二十多年的时间里,面临战国混战的国际形势,还是比较安稳的,国力没有像前两任楚王那样急遽下降,国土面积也没有像之前那样减少,而是在增加。他们又打败了鲁国,使楚国在战国时期的国际地位显示出一定的分量,在最后一次合纵抗秦的五国盟军中,楚国是总指挥。所以说,黄歇七十多年的人生中,陪伴最久的(其家人除外)就是考烈王,为之谋虑最多就是考烈王。这种事无巨细的谋虑,被司马迁细化到"考烈王无子"这件事上。

(三)"楚考烈王无子"不可信

"楚考烈王无子,春申君患之,求妇人宜子者进之甚众,卒无子。赵人李园持其女弟,欲进之楚王,闻其不宜子,恐久毋宠"这几句话和下文叙述的故事,后来被几乎原样写到《资治通鉴》等史书里,造成一个历史上很大的冤假错案,让春申君黄歇蒙受冤屈,形象也被严重玷污。

上述的这几句话,同样出现在《战国策·楚策》里:"楚考烈王无子,春申君患之,求妇人宜子者进之甚众,卒无子。赵人李园,持其女弟,欲进之楚王,闻其不宜子,恐又无宠……"那么,关于黄歇"移花接木"的故事——黄歇接纳李园女弟,让其怀孕,并把这个有孕在身的女人献给楚考烈王,致使考烈王终于有了并非亲骨肉的儿子,最后这个儿子成为楚幽王,国舅李园执掌了大权,派人杀死春申君黄歇——谁是始创者?《史记》还是《战国策》?

根据班固的说法,司马迁写《史记》的时候是采用了《战国策》的一些史料:"故司马迁据《左氏》《国语》,采《世本》《战国策》,述《楚汉春秋》,接其后事,讫于天汉。"(《汉书·司马迁传》)《战国策》是汇编而成的历史著作,作者不明,非一时一人之作。其中所包含的资料,主要出于战国时代,包括策士的著作和史臣的记载,汇集成书当在秦统一以后。原来的书名不确定,西汉刘向考订、整理后,定名为《战国策》。这样看来,极有可能是司马迁从《战国策》中辑录了黄歇"移花接木"的故事。

对《战国策》这本书,后人虽然习惯于把它归为历史著作,但书中记载的许多事情是不可信的,是不能作为史实来看待的。比如《战国策·魏策》中的"唐雎不辱使命",写的是魏国策士唐雎在秦廷之上,挺剑胁逼秦王嬴政,夸张的语言和近乎虚构的情节使文章失去了信史的作用。所以,古文学家游国恩说:"《战国策》最长于说事,但记述事件的后果不尽可靠。"既然春申君黄歇"移花接木"的故事来源于《战国策》,那么它的真实性就非常值得怀疑。钱穆在《先秦诸子系年考辨》中说:"战国晚年,有两事相似而甚奇者,则吕不韦之子秦始皇政,而黄歇之子为楚幽王悍是也。然细考之,殆均出好事者为之,无足信者。""无足信者"的一个最有力的证据就在《史记》中,司马迁在《楚世家》讲述春申君的结局和楚王的更替:"二十五年,考烈王卒,子幽王悍立。李园杀春申君。幽王三年,秦、魏伐楚。秦相吕不韦卒。九年,秦灭韩。十年,幽王卒,同母弟犹代立,是为哀王。哀王立二月余,哀王庶兄负刍之徒袭杀哀王而立负刍为王。"

上文明晰了楚国最后几十年的楚王世系:考烈王—幽王—哀王—负刍王。如果"楚考烈王无子",春申君听信李园之言,做了"移花接木"的事情,那么"幽王卒,同母弟犹代立"中的"同母弟犹"怎么解释?"哀王庶兄负刍"又怎么解释?幽王、哀王、负刍干在司马迁笔下,可全都是考烈王的儿子啊!所以,只能说"楚考烈王无子"的这个大前提不存在。

唐朝的司马贞在《史记索隐》中说:"楚悍有母弟犹,犹有庶兄负刍及昌平君,是楚君完非无子,而上文云考烈王无子,误也。"根据司马贞的话,楚考烈王不仅不是"无子",而且有四个儿子,除了上述的幽王、哀王、负刍王之外,还有昌平君。昌平君何许人也?《史记索隐》给的答案是:"昌平君,楚之公子,立以为相,后徙于郢,项燕立为荆王,史失其名。"李开元在《末代楚王史迹钩沉》中说得更明白:昌平君是楚考烈王为太子的时候,在秦国做人质,娶秦王女而生的儿子。秦楚亲善,封为秦昌平君,曾担任过秦国的相国,迁陈郢以安抚楚民,后反秦,被项燕推举为楚王。春申君黄歇不太可能"移花接木"还涉及年龄问题。司马迁在《春申君列传》中写道:"园女弟承间以说春申君曰:'楚王之贵幸君,虽兄弟不如也。今君相楚二十余年,而王无子,即百岁后将更立兄弟,则楚更立君后,亦各贵其故所亲,君又安得长有宠乎?'"此时,春申君已经"相楚二十余年",有七十多岁了,"移花接木"的事情恐怕很难办到了。

既然考烈王没有"无子"之虞,春申君黄歇也没有必要为楚王的接续操心,所以,"移花接木"的故事也就是战国时期某一位策士的文学创作而已,钱穆说这是司马迁"因以或人之说始皇者,误以属之春申也"。但这个误会让春申君背污名两千多年,实在是千古奇冤!

二、用得上的人:范雎、荀卿、廉颇

春申君黄歇所处的时代,是一个学术思想开放、各种人才辈出的时代。孟子、庄子、张仪、苏秦、甘茂、屈原、田骈、荀子、邹衍、范雎、公孙龙、廉颇、吕不韦、李斯、韩非、宋玉等等,这些在中国古代思想史、文学史上都占有一席之地的名人都生活在那个时代。他们中的有些人,其思想观点或影响了春申君黄歇,其政治地位或帮助过春申君黄歇;而春申君黄歇也曾利用自己的地位和影响让其中的一些人"才尽其用"。范雎,是帮助过春申君的人;廉颇和荀子,是春申君想用的人。

(一)范雎

范雎,虽然其出身、年代不详,但根据司马迁对其写的传记故事推测,他应该比春申君黄歇年长。范雎是魏国人,著名的政治家、军事谋略家,受到秦昭襄王(宣太后的儿子)的信任,被任命为秦国宰相,因封地在应城,所以又称为"应侯"。范雎是如何到秦国的? 司马迁的叙述是:范雎本是魏国中大夫须贾的门客,因被怀疑通齐卖国,差点被魏国宰相魏齐鞭笞致死。公元前271年,秦昭襄王派使臣王稽出访魏国,这对范雎来说是一次死里逃生的机会。在郑安平的帮助下,改名张禄的范雎晚上偷偷见到王稽,谈了自己的政治见解。王稽见他是个人才,就私下约好,将他秘密带到了秦国。王稽创造机会把范雎推荐给秦昭襄王。面见秦昭襄王时,范雎提出了远交近攻的策略,抨击穰侯魏冉(宣太后同母异父的长弟,秦昭襄王的舅舅,因食邑在穰,号曰"穰侯")越过韩国和魏国而进攻齐国的做法。范雎主张将韩、魏作为秦国兼并的主要目标,同时应该与齐国等保持良好关系。范雎因此受到秦昭襄王的看重,被拜为客卿。之后,范雎向秦昭襄王提醒,秦国的王权太弱,宣太后在朝廷内专制,魏冉在外事上擅权,泾阳君、高陵君(宣太后的两个儿子、秦昭襄王的两个弟弟)等人则过于奢侈,他们比国家都富有。秦昭襄王幡然醒悟,免掉魏冉的宰相职务,责令泾阳君等人迁出国都。公元前266年,范雎成为秦国的宰相。范雎于公元前271年化名"偷渡"到秦国,五年后执掌秦国大权。

黄歇是公元前272年陪太子做人质到秦国,十年后离开秦国的。在秦国的日子里,黄歇除了陪伴太子,还要经常与秦国政要打交道。晚于黄歇一年到秦国的范雎,渐渐在秦廷崭露头角;而黄歇以楚太子老师的身份,在秦国贵族圈子里也是相当出名的。可以想象,范雎和黄歇,都有高超的政治见解和能言善辩的才华,在没有名利、冲突的情况下,两人会有惺惺相惜的感觉。虽然黄歇是客居秦国,而范雎后来成为秦国宰相,但由于黄歇背后是楚国宗室,秦楚之间有割不断的关系,范雎应该在赏识黄歇才干的同时,还看重其楚国宗室的身份——他是楚顷襄王的弟弟,楚太子的叔叔。何况当时秦楚交好的关系还是黄歇上书秦昭襄王之后定下的。

事实上,在重大的事情上,黄歇的确得到过范雎的帮助。

重大的事情就发生在公元前263年。此时,范雎已经做了四年宰相,宣太后也在两年前去世。这一年的冬天,楚国派人传来不好的消息:楚王病重!楚王病重,太子熊完要回国!黄歇深知做这件事有难度。太子熊完是秦国的人质啊,秦国是不会让其回去的;但太子更是楚国王位的接续人,关键时刻必须在他应该在的位置上! 黄歇想到范雎,立即去拜访。黄歇对范雎说:"楚王可能会一病不起,如果秦国能让太子回去,太子即位成为楚王后必然会感激秦国,会努力维护好与秦国的关系;如果不放太子回去,而是利用太子要挟楚国,楚国必然会另立太子以对付秦国,秦和楚的关系就会破裂,而被秦国扣留的太子也就变成了一个没有价值的人。"范雎将黄歇的话转达给秦昭襄王,秦昭襄王说先让楚太子的师傅回去探问一下楚王的病情,回来后再做决定。

此时的黄歇非常着急,对太子熊完说:"秦国扣留太子您的目的,是要借此索取好处。太子您现在的处境要使秦国得到好处是无能为力的,我为此非常忧虑。而阳文君的两个儿子在国内,大王如果不幸辞世,太子您又不在楚国,阳文君的儿子必定被立为后继人,太子您就不能接任楚王了。不如您逃离秦国,跟使臣一起出去;我留下来,以死来担当责任。"

于是,黄歇就给太子熊完换上车夫的衣服,让他跟着楚国使臣的车出城了,自己却在住所留守,并以太子熊完生病为借口谢绝访客。估摸太子熊完已经逃离秦国之后,黄歇才向秦昭襄王道出实情,秦昭襄王非常生气,想让黄歇自尽。这个时候,范雎挺身为黄歇说话,劝秦昭襄王说:"熊完如能即位,必定会重用黄歇,不如让黄歇回去,以表示秦国的亲善。"秦昭襄王听从了范雎的意见,黄歇才得以脱身回到了楚国。可以说,黄歇能够成为楚国令尹,能够成为"战国四公子"之一,范雎起到了关键性的作用。范雎是个重义气的人,恩怨分明:对伤害过自己的人,利用手中大权,奚落、指责,智取魏齐脑袋;对搭救过自己的人,有恩就报,举荐郑安平出任秦国大将、王稽出任河东守。在范雎出任秦国宰相的十一年里,秦楚关系比较平稳。秦国最大的战争是与赵国展开的长平之战。

公元前262年,长平之战爆发,秦赵两军对垒三年后,范雎找到了攻不下来的原因:赵国有老将军廉颇在啊!于是,范雎使用反间计,使赵国启用了无实战能力的赵括代廉颇为将,最终秦将白起大破赵军。长平战后,范雎妒忌白起的军功,借秦昭襄王之命迫使白起自杀。此后秦军遭诸侯援军所破,郑安平降赵。王稽也因通敌之罪被诛。范雎因此失去了秦昭襄王的宠信,公元前255年,推举蔡泽代替自己的位置,辞归封地,不久病死。司马迁对范雎的评价是:"一饭之德必偿,睚眦之怨必报。"

（二）荀子

荀子，名况，字卿，战国末期赵国人，著名思想家、文学家、政治家，时人尊称为"荀卿"。西汉时需避汉宣帝刘询讳，因"荀"与"孙"二字古音相通，故又称"孙卿"。他曾三次出任齐国稷下学宫的祭酒，后任楚兰陵令。有专家考证其生年为公元前336年，长春申君黄歇二十多岁，与春申君黄歇同一年死亡。

根据司马迁的《史记·孟子荀卿列传》、刘向的《荀子叙录》和《战国策·楚四》以及《荀子》中的一些文章，可以大致厘清荀子的人生轨迹。出生于赵国的他，二十岁的时候来到燕国，开始阐述其政治主张。五十岁来到齐国稷下，进行学术交流，此时是公元前286年。齐闵王当政，对外发动了几场战争，"矜功不休，百姓不堪，诸儒谏不从，各分散。慎到、接子亡去，田骈如薛，而孙卿适楚"（桓宽《盐铁论·论儒第十一》）。荀子便于公元前285年离开齐国到了楚国。

俯瞰古城（图片提供：王晓珂）

这个时期的楚国是楚顷襄王时期,秦楚已经绝交,秦国攻打楚国的战争不断。公元前279年,齐国向燕军发起反攻,一举收复失地,"迎襄王于莒入于临淄"(《史记·齐太公世家》)。齐襄王复国后,召集失散的学士,重整稷下学宫。公元前278年,秦将白起攻下了郢都,顷襄王带着楚国的贵族大臣"保于陈城",楚国的政治中心由湖北迁移到河南。极度苦闷、完全绝望的屈原,于农历五月五日投汨罗江自尽,终年六十二岁左右。五十七岁的荀子,也在战事中抽身回到齐国。荀子便参加了稷下学宫的恢复重建工作。由于田骈等老一辈的学者都已故去,慎到、接子等稷下旧人又不在齐国,荀子在复办的稷下学宫中"最为老师",成为最受欢迎、最受尊敬的先生,曾经"三为祭酒",多次担当学宫的领袖,成为稷下"列大夫"之首。

公元前266年,荀子游学来到秦国。此时正是秦昭襄王、范雎君臣主政时期,黄歇陪太子在秦国做人质。荀子来秦国也是宣传其政治主张的,主要观点都展示在《荀子》中的《儒效》《强国》中,由于他建议秦昭襄王重用儒士,实行"王道",因而得不到重用,于是就离开秦国回到了赵国。

公元前265年,七十一岁的荀子在赵孝成王面前,与临武君就用兵的问题进行了讨论。但也由于不受重用,他离开了自己的母国回到齐国。在齐国待了一段时间之后,"齐人或谗荀卿,荀卿乃适楚"(《史记·孟子荀卿列传》)。公元前255年,八十一岁的荀子被春申君任命为兰陵令,才有了施展其政治主张的机会和平台。

《战国策·楚策》中记载荀子为兰陵令时的事情:"客说春申君曰:'汤以亳,武王以鄗,皆不过百里以有天下。今孙子,天下贤人也,君籍之以百里势,臣窃以为不便于君。何如?'春申君曰:'善。'于是使人谢孙子。孙子去之赵,赵以为上卿。客又说春申君曰:'昔伊尹去夏入殷,殷王而夏亡;管仲去鲁入齐,鲁弱而齐强。由是观之,贤者之所在,其君未尝不尊,其国未尝不荣也。今孙子,天下之贤人,君何辞之?'春申君又曰:'善。'于是使人请孙子于赵。"

从上文的讲述中我们知道，荀子在当时是"天下之贤人"，贤人所在的国家就表明这个国家会兴旺，这个国家的君主会受到尊重。所以，春申君要礼遇荀子，把刚刚收复过来的兰陵交给他管理。

兰陵原属于鲁国。《史记·春申君列传》说："春申君相楚八年，为楚北伐灭鲁，以荀卿为兰陵令。当是时，楚复强。"春申君相楚八年即公元前255年，春申君出兵攻打鲁国，迁封鲁君于莒，占领了鲁国土地。鲁国是孔子、孟子的母国，礼仪之邦，有着一定的文化象征意义。楚国占领了这个国家，必须要有一个有名望的文化大师来入驻这块土地，而荀子就是非常合适的人选。《战国策·楚策》中的客说春申君，把荀子比作伊尹、管仲，可见荀子在当时列国中的文化地位。正因为地位高、影响力强，所以，楚国有人担心让荀子为兰陵令之后，荀子会不会"籍之以百里势"，做出对楚国、对春申君有威胁的事情，春申君因此还把荀子辞退了。但后来经过别人的提醒，春申君又把荀子请了回来。

荀子此时已经年高，春申君封他为兰陵令显然也是把他作为一个政治、文化符号来看待的。兰陵令的管理工作，荀子未必要亲力亲为，但对几十年来一直在各国间游说、阐述政治观点的荀子来说，这次总算有了一个把政治理论与管理实际相结合的机会，所以荀子并没有推辞。高龄进入仕途的荀子，在兰陵一边为官，一边著述，同时收徒讲学，韩非、李斯都是他的学生。可以说，从公元前255年到前238年的十七八年时间，荀子进入了人生最平稳、最得意、最自在时期，其学术创作也进入高峰。这一切，都有赖于春申君黄歇。春申君视其为贤人，所以任命他为兰陵令。这种任用关系，随着前238年春申君黄歇被刺死而结束。"春申君死而荀卿废，因家兰陵。"（《史记·孟子荀卿列传》）废居兰陵的荀子，不久就去世了。

荀子去世之前，他的两个学生——韩非（约前280—前233）和李斯（约前284—前208），一个回到了韩国，一个由楚国来到了秦国。

李斯到秦国后得到吕不韦的任用，接着，他凭借自己的政治理论慢慢接近了秦始皇。在其老师荀子去世后的第二年，他以一篇《谏逐客书》，受到秦始皇的看重，不久官封廷尉，成为秦始皇统一中国大业中的重要人物。韩非作为韩国公子，回到家乡后，目睹韩国积贫积弱的状况，多次上书韩王，为国富民强献计献策，但其主张没有受到韩王重视。韩非便退而著书，写出了《孤愤》《五蠹》《内外储》《说林》《说难》等文章。

韩非的文章传到秦国，年轻的秦始皇为韩非的才华所吸引，感叹道："嗟乎，寡人得见此人与之游，死不恨矣！"（《史记·老子韩非列传》）为了能够见到韩非，秦始皇竟要出兵攻打韩国。

迫于秦国的压力，韩王只好重用韩非，韩非作为韩国的使臣到秦国。于是，公元前234年，韩非和李斯，荀子门下的两位弟子，在秦国相会了。但结局并不美好，因为嫉妒，"李斯、姚贾害之，毁之曰：'韩非，韩之诸公子也。今王欲并诸侯，非终为韩不为秦，此人之情也。今王不用，久留而归之，此自遗患也，不如以过法诛之。'秦王以为然，下吏治非。李斯使人遗非药，使自杀。韩非欲自陈，不得见。秦王后悔之，使人赦之，非已死矣。"（《史记·老子韩非列传》）韩非死后，他的文章作为治国理论受到秦始皇等政治家的重视和采纳。《韩非子》一书也成为今人研究先秦历史的间接补遗史料。《韩非子》中有篇题为《奸劫弑臣》的文章，讲述了春申君的故事，这个故事补充了《史记》中有关春申君的内容，让我们知道了春申君家庭的故事：

春申君有妻、有妾、有儿子，他最喜欢的妾名字叫余，正妻生的儿子名字叫甲。余想让春申君抛弃他的正妻，就使了一个招数，自己弄伤自己身体，然后给春申君看，哭着说："能做您的侍妾，我感到很幸运。然而顺从夫人就无法侍候好您，顺从您又无法侍候好夫人。我实在不贤，没有能力使您和夫人都称心,不能都服侍好二位,与其死在夫人那里,还不如死在您面前。我死以后,假如您身边再有得宠的人,希望您一定要明察这种情形,不要被人笑话。"春申君听了余的哭诉之后,相信了余的说辞,抛弃了正妻。做了正妻的余还不甘心,又想除掉甲而让自己儿子做继承人,就自己撕破衬衣里子,给春申君看,哭诉说:"我受宠于您的时间很长了,甲不是不知道,现在竟想强迫调戏我。我和他争执,竟至撕破了我的衣服。孩子不孝顺,没有比这更严重的了。"春申君听了之后大怒,就杀了甲。

韩非讲述的这个故事,丰满了春申君的形象。尽管《战国策》中说春申君"五子皆相诸侯",《史记》中讲到春申君被李园的人杀掉之后,又派人"尽灭春申君之家",但对春申君的家人,史书中都语焉不详,而在韩非的笔下,他们立体起来了,让我们了解春申君又多了一个侧面。

(三)廉颇

廉颇和荀子一样是赵国人,在人生的最后阶段也是在楚国度过的。如果说荀子被春申君任命为兰陵令,是看中其文化影响的话,廉颇被春申君接纳是因为其军事能力。

司马迁在《史记·廉颇蔺相如列传》开门见山地介绍廉颇:"廉颇者,赵之良将也……以勇气闻于诸侯。"春申君在文的方面重用了荀子,武的方面请来了廉颇,可以说,当时的楚国在他的治理下,呈现出大国的气度和风范——广泛接纳各种顶尖人才。有顶尖人才的国家,才能称得上是大国。

廉颇,生卒年不详,嬴姓,廉氏,名颇,战国末期赵国的名将,与白起、王翦、李牧并称"战国四大名将"。四大名将是打出来的,白起、王翦是秦将,廉颇、李牧是赵将,秦赵之间由于是相邻国,秦国欲吞中原必攻赵国,而赵国因为有廉颇为将,秦国也不敢轻举妄动。

从司马迁的记述看,廉颇在赵惠文王时期曾多次率领赵军打败了来犯之敌秦军,使得秦国不得不改变策略,合纵伐齐。公元前285年,秦赵讲和,秦联合韩、燕、魏、赵四国之师共同讨伐齐国。

公元前283年,廉颇带领赵军长驱深入齐境,攻取阳晋,威震诸侯。廉颇班师回朝,赵王封他为上卿。

军队的将领是迎战而上,哪里有战争,哪里就有名将的身影。文人则是逆战而生,比如荀子,与廉颇同为赵人,同时生活在那个时代,当秦赵之间发生战争的时候,五十岁的荀子则到齐国交流学问。当秦、韩、赵、魏、燕五国联合攻打齐国的时候,荀子则到了没有参加战争的楚国。当秦军攻打楚国的时候,荀子则又回到了齐国,并成为稷下学宫中"最为老师"。

作为武将,廉颇本能地瞧不起文官,司马迁讲述的廉颇蔺相如的故事,廉颇就是这样的心态:"我为赵将,有攻城野战之大功,而蔺相如徒以口舌为劳,而位居我上。且相如素贱人,吾羞,不忍为之下!"(《史记·廉颇蔺相如列传》)而蔺相如则深明大义:"顾吾念之,强秦之所以不敢加兵于赵者,徒以吾两人在也。今两虎共斗,其势不俱生。吾所以为此者,以先国家之急而后私仇也。"(《史记·廉颇蔺相如列传》)廉颇由此深受感动,负荆请罪。

公元前266年,赵惠文王卒,赵孝成王立。这时,秦国采取范雎"远交近攻"的谋略,一边跟楚国、齐国交好,一边攻打临近的小国。

公元前262年,秦国进攻韩地上党。上党的韩国守军孤立无援,太守冯亭便将上党献给了赵国。秦赵之间围绕着争夺上党地区发生了战争。这时,蔺相如病重,廉颇执掌军务。于是,赵孝成王命令廉颇统率赵军阻秦军于长平。廉颇用兵持重,固垒坚守三年,意在挫败秦军速胜之谋。秦国看速胜不行,范雎使反间计,让赵王用赵括替代廉颇。廉颇被免职回家,其门客都离开了他,这让他感到了世态炎凉。

长平之战最后秦军大胜,四十多万赵兵被坑杀。

公元前257年,秦军包围了邯郸,赵国到了生死存亡的关键时刻。赵国宰相平原君赵胜向楚国、魏国求救。平原君带领门客来到楚国见楚顷襄王，门客毛遂在朝廷上陈述秦军对楚国犯下的罪行，迫使楚顷襄王答应出兵救赵。"楚使春申君将兵往救之，秦兵亦去，春申君归。"（《史记·春申君列传》）春申君黄歇亲自带兵到赵国去救援。

与此同时，平原君也多次派人前往魏国促其出兵。与平原君是连襟关系的魏国信陵君，多次请求魏王下令发兵，魏王畏秦，不敢发兵救赵，信陵君就依照门客的建议，偷出兵符，带领魏军前去邯郸。

邯郸之围被解除之后，燕国以为赵国受到战争的重创，便于公元前251年举兵攻赵。赵括已经死于长平之战，老将廉颇重新获得赵孝成王的信任，赵孝成王命他和乐乘统兵十三万前往抗击。最后赵军大胜，燕王只好割让五座城邑求和。

此仗之前，楚国在春申君的治理下，有复兴之势。楚国占领了鲁国，荀子成为兰陵令。秦相范雎也已病故。

因为这场战争，廉颇被赵孝成王封为信平君，代理宰相。平原君赵胜病故后，廉颇任宰相。早几年因为廉颇被撤换官职而离开的门客又聚集到廉颇身边，廉颇心生感慨，让他们离去，门客对他说："这没什么奇怪，您有权势，我们就跟随您，您没有权势，我们就离开，这本是买卖常理，又有什么感慨呢！"

廉颇任赵国宰相前后六七年时间，多次击退来犯之敌，守卫住赵国的疆土。公元前245年，廉颇带兵攻取了魏国的繁阳。就在这一年，"赵孝成王卒，子悼襄王立，使乐乘代廉颇。廉颇怒，攻乐乘，乐乘走。廉颇遂奔魏之大梁"（《史记·廉颇蔺相如列传》）。新上任的赵王又想用一个后辈来替代廉颇，廉颇很是生气，把接替他的乐乘打跑了，廉颇自知做错了事，也跑到了魏国。

在魏国，廉颇不受待见，想回赵国，而赵国因经常被秦兵侵扰，赵王也想让廉颇回来,就派个使者去魏国看看廉颇是不是还能用。这个使者又被人重金收买,让他不要说廉颇的好话。当这个使者在魏国见到廉颇的时候,"廉颇为之一饭斗米,肉十斤,被甲上马,以示尚可用。赵使还报王曰:'廉将军虽老,尚善饭,然与臣坐,顷之三遗矢矣。'赵王以为老,遂不召"。在小人的计谋下,一代战神报效祖国的愿望就这样落空了。

廉颇到魏国的时候,信陵君魏无忌虽在魏国,但由于秦国的离间,受到魏王的怀疑,不再受到重用,也不再上朝,整天沉湎于酒色之中,爱惜人才的他,对廉颇这个老将也爱莫能助。公元前243年,信陵君郁郁而终。魏国没有了信陵君,就没有了可以依仗的人,国家渐渐衰落,抵挡不了强秦的侵入。

廉颇逃到魏国,赵国派人观察廉颇,赵王觉得廉颇已老而不召回。这些情况被楚国知道了,"楚闻廉颇在魏,阴使人迎之"(《史记·廉颇蔺相如列传》)。楚国把廉颇偷偷地接过来,能够做这件事的人只有春申君黄歇。廉颇这样一个列国间知名的武将,请到楚国来只能是春申君黄歇做出的决定。楚国这个时候也需要廉颇这样的武将来助力。

公元前242年,楚、赵、魏、韩、卫五国再次进行合纵行动,联合起来讨伐秦国,并让楚考烈王担任五国盟约的合纵长,让春申君黄歇任当权主事。黄歇任命赵国大将庞煖为联军主帅。公元前241年,五国联军收复了秦国从赵国夺去的寿陵,攻到函谷关,秦国倾全国之兵出关应战,五国联军战败而逃。"楚考烈王以咎春申君,春申君以此益疏。"(《史记·春申君列传》)这是东方国家的最后一次合纵,失败后,楚考烈王怕秦国报复,想远离秦国的战争烽火,把国都迁徙到地处淮河中游的寿春。

廉颇大概就在这个时候被春申君派去的人从魏国接到楚国,成为楚国一员大将的。生活在楚都寿春的廉颇,统率着楚军,总觉得有生活习惯、性格做派等方面的隔阂,心里常想着能够统率赵兵,但时间和时势已经不能再给廉颇这个机会,最后,高龄的他死在寿春。

三、门人：李园、朱英

"战国四公子"的显著特征是"养士"，不管是学士、方士、策士还是术士、食客，都被召集到自己门下，礼贤下士，扩大影响。

按照先秦"公子"的衡量标准，春申君和平原君、信陵君一样是"公子"，孟尝君为"公孙"。春申君以王族身份"方争下士，招致宾客"（司马迁语）。聚集在他门下的"士"有三千之多，其中，李园、朱英最受春申君黄歇看重。

（一）李园

李园，母国和荀子、廉颇一样，是赵国。公元前262年，黄歇成为楚国令尹封号春申君之后，才有大批有才华和特长的人聚集在其门下，史书上记载的有汗明、朱英等。

虽然《史记·春申君列传》记载的"楚考烈王无子"不可信，黄歇"移花接木"的事情也不可能，但是，楚国历史上接任春申君成为楚国令尹的正是李园，李园也的确是以国舅身份显贵的。李园以国舅身份杀掉位高权重的老令尹春申君，以保证新即位的楚王地位稳定，楚国大权能掌握在王后和自己手中，这种事情在战国时期的诸侯列国中也是经常发生的，不足为奇。奇的是司马迁讲述的故事。

按照司马迁的讲述，李园一开始并没有想投奔春申君黄歇，而是直接想依附楚考烈王，手段是把自己的妹妹进献给楚考烈王。但听说考烈王没有生育能力，担心自己的妹妹以后失宠，于是，他就想通过春申君黄歇来"移花接木"，抱着这样的目的，李园才投到其门下。

李园很有心机且巧舌如簧，编了迷人的故事就把春申君黄歇套进去了：做了门客不久，李园就请假回家，假期完了又不如期回来。

回来后春申君问他迟到的原因，他说是齐王派人来求娶他的妹妹，由于高兴，就与齐国来的人喝酒，酒喝多了耽误了回来的时间。春申君一听齐王要娶李园的妹妹，就有兴趣地问有没有送聘礼啊，李园说没有，春申君就让李园把他妹妹带来看看。于是，李园就把他的妹妹献给了春申君，并得到了春申君的宠幸。

李园知道自己妹妹怀有身孕后，就同妹妹商量了下一步的打算。李园妹妹对春申君进行了一番洗脑式的谈话："楚王之贵幸君，虽兄弟不如也。今君相楚二十余年，而王无子，即百岁后将更立兄弟，则楚更立君后，亦各贵其故所亲，君又安得长有宠乎？非徒然也，君贵用事久，多失礼于王兄弟，兄弟诚立，祸且及身，何以保相印江东之封乎？今妾自知有身矣，而人莫知。妾幸君未久，诚以君之重而进妾于楚王，王必幸妾；妾赖天有子男，则是君之子为王也，楚国尽可得，孰与身临不测之罪乎？"（《史记·春申君列传》）这段话，促使春申君将怀有身孕的李园妹妹献给了考烈王，因此才有日后的"李园女弟为王后，楚王贵李园，园用事"。李园目的达到之后，"恐春申君语泄而益骄，阴养死士，欲杀春申君以灭口"。

司马迁讲述的这个故事，告诉了我们故事发生的时间——春申君"相楚二十余年"。历史记载的春申君相楚总共就二十五年，故事中刚怀有身孕的李园妹妹就对春申君说你任令尹已经二十多年了，多多少？权且按最少的算，就二十一年吧，推算一下，春申君为楚令尹的二十一年，李园妹妹怀孕，十月怀胎，生孩子要等到下一年吧，二十二年的时候，李园妹妹生下孩子，立为楚太子，李园妹妹为王后，李园受到重用。两年后，楚王故去，李园杀春申君。此时，太子只有三岁。要是把"相楚二十余年"，设定为相楚二十二年的话，推算下来，李园妹妹怀孕时春申君任楚令尹二十二年，生子成为王后是二十三年的事情，一年后，春申君被杀，新楚王只有两岁。

以上的推算只是把李园妹妹所言的春申君"相楚二十余年"做了最少的设定——相楚二十一年，或者二十二年。按照设定，李园妹妹生子成为王后是春申君相楚二十二年,或者是二十三年,那么,我们看看这两年楚国历史上发生了什么。

春申君相楚二十二年,即考烈王二十二年,《史记》记载,这一年春申君和楚考烈王正在组织一次合纵抗秦的重大战争,这场战争不仅对楚国而且对韩、赵、魏、燕等几个国家都有非同小可的意义,因为这场战争将改变几个国家的命运和当时诸侯间的格局。楚考烈王正是这场战争的总召集人,春申君黄歇是战争的总负责人。可是,司马迁讲述的这个见不得人的"移花接木"的故事,就发生在这样出征抗秦、保家卫国战争的背景下,难免让人感到有些吊诡,不合常理。

战争的结果是五国联军虽然打到了秦国,但还是输了。

战后,楚国马上迁都寿春。迁都对于整个楚国来说是一件非常大的事情,这项工作肯定是春申君主导,都城的规划、安置以及迁都过程的诸多事情都需要春申君过问。这个背景下发生那种宫闱秘事也是不太合情理的。

但有一点是极为可信的,因为战争失败,"楚考烈王以咎春申君,春申君以此益疏"(《史记·春申君列传》)。楚考烈王把作战失利归罪于春申君,春申君因此渐渐被疏远了,这才给李园被重用的机会。

故事最大的失真是"楚考烈王无子"。考烈王没有生育能力是故事的大前提。"春申君患之,求妇人宜子者进之,甚众,卒无子。"但历史上的楚考烈王并非"卒无子"。《史记·楚世家》记载:"二十五年,考烈王卒,子幽王悍立。""十年,幽王卒,同母弟犹代立,是为哀王。哀王立二月余,哀王庶兄负刍之徒袭杀哀王而立负刍为王。"这些文字将楚王更替的历史表述得非常清楚:楚考烈王—楚幽王(李园妹妹生)—楚哀王(李园妹妹生)—楚王负刍(楚考烈王庶子、哀王同父异母的哥哥)。司马迁在《楚世家》中的记载直接把自己在《春申君列传》中讲述的"楚考烈王无子"的故事给否了,同时也间接地否定了春申君"移花接木"的故事。

楚幽王墓,20世纪二三十年代挖掘出的一座楚王陵墓,让今天的人们能通过其众多的陪葬物品,触及两千多年前的那段历史。墓址在淮南市山南的杨公镇双庙村,挖掘出来的文物据说有四千件(其中青铜器有一千余件,重要大件有两百余件),散失在世界各地,青铜器楚大鼎、四兽平底鼎为安徽博物院收藏,成为该院的镇院之宝。

如果楚幽王是黄歇移花接木的儿子,按照上文的推算,其即位年龄只有三岁左右,死时十三岁左右。至今没有专家论证楚幽王墓是个孩子的陵墓,发掘出来的陪葬物品都是成年人的。这也证明,司马迁讲的故事是不真实的。

"李园,弱人也。"这是《史记·春申君列传》中春申君对李园的评价。这个评价和《越绝书》中写到的李园非常相像。

《越绝书》是一部记载古代吴越地方史的杂史,上溯夏禹,下迄两汉,旁及诸侯列国,对这一历史时期吴越地区的政治、经济、军事、天文、地理、历法、语言等多有涉及,其中,有篇外传也讲述了春申君的故事,故事情节与司马迁的讲述脉络相同但细节不一样。外传中赋予了李园妹妹名字——李环。李环成为故事的主谋和具体实施者,李园倒是一个事事听从于其妹的人,日后他成为楚国令尹也是李环的安排。李环的放纵和野心被描写得淋漓尽致,文字和情节类似于小说。故事中楚国一些大事件的时间和人物有悖于史实,所以,不能将此文当作史料看待。该书《外传本事》也说:"经者论其事,传者道其意,外者非一人所作,颇相覆载,或非其事,引类以托意说之者。"

刘向编的《烈女传》,也讲到李园妹妹的故事。该书的"烈女"分为两类,一类为贤妃贞妇,一类是孽嬖(宠妾)乱亡之妇人。李园妹妹就被刘向归为"孽嬖"类。《烈女传·孽嬖》中有"楚考李后"一篇:"楚考李后者,赵人李园之女弟,楚考烈王之后也。初,考烈王无子,春申君患之,李园为春申君舍人,乃取其女弟与春申君,知有身……"故事情节与《史记》《战国策》相同。刘向也是《战国策》的编者。

"知有身"之后再献给楚考烈王,难道楚王和王宫里的人不知十月怀胎而后生产吗?国王的继承人就那么容易冒充吗?这只能是杜撰出来的故事。为什么司马迁、刘向还要将这个故事写进史书?

清代著名学者黄式三在《史记考证》中推断这个故事:"此必后负刍谋弑哀王犹之诬言也。"意思是,《史记》《战国策》中春申君"移花接木"的故事,是楚王负刍谋杀楚哀王时候虚构出来的一个理由,这个理由让天下人觉得负刍杀哀王是正当的。这个理由在负刍成为楚王之后就成了史实。由此,后人司马迁、刘向就把这个成为史实的故事写进了书里。其实,这个故事就如黄式三所说那样"负刍谋篡构衅造谤"。

李园最终还是被杀了,在楚哀王即位后的两个月,被负刍杀掉了。负刍的身份,司马迁在《楚世家》中说是"哀王庶兄负刍",即为哀王同父异母的哥哥。刘向在《烈女传》中则说"考烈王弟公子负刍之徒闻知幽王非考烈王子,疑哀王,乃袭杀哀王及太后,尽灭李园之家,而立负刍为王"。

李园,继春申君之后担任楚国令尹,十年后被楚王宗室的人所杀。

(二)朱英

朱英,春申君非常看重的门客,司马迁在《史记》中说他是观津人。观津是个古地名,魏国和赵国都有观津。唐朝张守节在《史记正义》中断定为"今魏州观城县也"。冯梦龙在《东周列国志》中说朱英是魏国人。从司马迁在《春申君列传》中的讲述推断,朱英跟随春申君的时间稍长,对春申君非常忠诚,且有一定的远见。朱英的远见表现在两次对春申君的进言上。

公元前241年,春申君作为合纵盟军的组织者,抗秦失败之后,楚考烈王将盟军的失利归罪于他,春申君因此渐渐被考烈王疏远了。

这个时候,朱英对春申君说:"人皆以楚为强而君用之弱,其于英不然。"即人们都认为楚国本是一个强国,只是因为由您执掌事务才衰弱下去了,但我不这么看。朱英是这么认为:"先君时善秦二十年而不攻楚,何也?秦逾黾隘之塞而攻楚,不便;假道于两周,背韩、魏而攻楚,不可。今则不然,魏旦暮亡,不能爱许、鄢陵,其许魏割以与秦。秦兵去陈百六十里,臣之所观者,见秦、楚之日斗也。"

春申君听懂了朱英话的意思,马上做了一件关乎王室安危和国家命运的决定:把楚国政治、外交、军事、文化、经济中心由陈迁至位于淮河中游的寿春,以此拉开与秦国的距离,避免秦国直接把战争矛头对准楚国的国都。

司马迁写到这里的时候,插上一句话:"春申君由此就封于吴,行相事。"春申君从此到他的封国吴地,仍行使相国的职权。由此看出,迁都寿春之后,春申君大部分时间都生活在吴地,虽然行使相国的职权,但已经不像以前那样与楚考烈王形影不离了。

就在这样的背景下,司马迁又讲述了"楚考烈王无子,春申君患之"的故事,在李园的设计下,春申君"移花接木",使考烈王有子了,李园妹成为王后,李园成为考烈王亲近的人。"楚王贵李园,园用事。李园既入其女弟,立为王后,子为太子,恐春申君语泄而益骄,阴养死士,欲杀春申君以灭口,而国人颇有知之者。"(《史记·春申君列传》)公元前238年,楚国迁都寿春的第十个年头,楚考烈王这个时候重病,朱英第二次向春申君进了忠言,司马迁做了如下讲述。

朱英对春申君说:"世上有意外之福,又有不测之祸。现在您处在非常之世,而侍奉非常之主,怎么能没有一个非常之人呢?"

春申君问:"何谓意外之福?"朱英说:"您在楚国出任相国二十多年,虽然名义上是相国,但实际上是楚王。现在楚王病重,早晚要驾崩,太子年幼,您就要辅助少主,因此可以代行国君大权,像伊尹、周公那样。少主年长了,您再还政,否则,干脆南面称王据有楚国,这就是所谓意外之福。"春申君又问:"何谓不测之祸?"朱英回答说:"李园不理国家大事,是您的仇人;他不掌握兵权,可暗地里豢养了刺客。楚王驾崩后,李园必然进宫,独揽大权,杀害您以灭口,这就是所谓不测之祸。"春申君再问:"何谓非常之人呢?"朱英答道:"您先任命我为宫中侍卫官,楚王驾崩后,李园一定会先进宫,我愿意为您把他杀死。这就是所谓非常之人啊!"

春申君听朱英说了这些话后,并没有像上一次那样虚心听取,而是让朱英不要再提这件事了。春申君认为:"李园,弱人也,仆又善之,且又何至此!"

朱英看到春申君这种态度,害怕大祸临头,就逃走了。

朱英第一次进言之后,楚国迁都寿春,司马迁写道:"春申君由此就封于吴,行相事。"意思是,这个时候,春申君从此到了封地吴,同时执行宰相职务。司马迁的这句话,透露出因为合纵国抗秦失败,春申君受到考烈王的怪罪和不信任了。同时,这样一句交代,我们便知道了考烈王驾崩前后,春申君为何没有在其身边;考烈王驾崩后又为何没能快速地到达王宫,因为他在自己的封地吴墟,李园便有充分的时间设计除掉春申君。等到春申君火速赶到寿春的宫门,就被早已埋伏好的李园的人给杀死了。

关于春申君的封地问题,司马迁在上文写得非常清楚:楚考烈王即位之后,"以黄歇为相,封为春申君,赐淮北地十二县。后十五岁,黄歇言之楚王曰:'淮北地边齐,其事急,请以为郡便。'因并献淮北十二县,请封于江东。考烈王许之。春申君因城故吴墟,以自为都邑"。根据这些文字判断,吴地作为春申君封地的时间是"后十五岁"——楚考烈王即位十五年的时候,即公元前248年,春申君提出,淮北十二县的封地由于与齐国交界,要是发生战争等国家大事的话,必将事出紧急,还是以国家管理为好,所以,就献出了淮北的封地。

"请封于江东。考烈王许之。春申君因城故吴墟,以自为都邑。"吴墟,

《史记正义》明确指出：吴墟即"阖闾，今苏州也"。春申君把古苏州当作自己封地的都城。

江东指长江以东地区，因长江在自南京以上至九江一段为南北走向，而以此段江为标准确定东西和左右，古有中原进入南方吴地的主要渡口，江之东地区称为"江东"。吴地，吴国所在地，主要指今天的苏州、无锡等太湖流域的地方。

迁到寿春之后，国都离吴地比较远，上了年纪的春申君可以一边在自己封地生活，一边处理国家大事。春申君和他的五个儿子在吴地大兴土木、大搞水利建设，《越绝书》卷二《吴地传第三》记载："无锡湖者，春申君治以为陂，凿语昭渎以东到大田。""无锡西龙尾陵道者，春申君初封吴所造也。属于无锡县。""今太守舍者，春申君所造，后殿屋以为桃夏宫。""今宫者，春申君子假君宫也。前殿屋盖地东西十七丈五尺，南北十五丈七尺。堂高四丈，十霤高丈八尺。殿屋盖地东西十五丈，南北十丈二尺七寸。户霤高丈二尺。库东乡屋南北四十丈八尺，上下户各二。南乡屋东西六十四丈四尺，上户四，下户三。西乡屋南北四十二丈九尺，上户三，下户二。凡百四十九丈一尺。檐高五丈二尺。霤高二丈九尺。周一里二百四十一步。春申君所造。""吴两仓，春申君所造。西仓名曰均输，东仓周一里八步。""吴市者，春申君所造，阙两城以为市。在湖里。""吴诸里大闲，春申君所造。""吴狱庭，周三里，春申君时造。""土山者，春申君时治以为贵人冢次，去县十六里。""楚门，春申君所造。楚人从之，故为楚门。"

以上记载的春申君所建的种种建筑不一定真实，却反映出春申君在自己的封地修建了一些建筑，是"邑开吴士"（司马贞语）。

春申君修建的"楼堂馆所"百年之后还存在，二十岁的司马迁游历天下之时，还到过春申君的封地，"吾适楚，观春申君故城，宫室盛矣哉"（《史记·春申君列传》）。司马迁所言的"楚"，一是指战国时期的楚国故地。江东吴地虽然是春申君的封地,但仍然是楚国领土。二也可能指汉初的地域名称。汉初,刘邦分封韩信为楚王,古苏州所在的吴地都是楚王韩信的地盘。

由于吴地湖泊较多,作为封地,春申君在那里兴修水利设施也非常有必要。但后人将上海的开化归功于春申君实乃一种附会,如称上海为"申"、开凿黄浦江等。

春申君是不是开"申"鼻祖?黄浦江是不是黄歇开凿的呢?

对"申"的解释,《辞海》《汉语大字典》《汉语大词典》《中国历史大辞典》等辞书均释为:"上海市的别称。以境内黄浦江别称春申江,简称申江而得名。"《辞海》在"春申江"条目中指出:"误传为战国时楚春申君黄歇疏凿此江而得名。"在"黄歇浦"条目中写道:"此上海黄浦不见于宋以前记载,以此浦为黄歇所凿,显系后起的说法。"《上海地名志》对黄浦江的叙述是:"黄歇浦、春申浦等名称,皆因后人附会黄浦江是战国时春申君黄歇开凿的而得名。"以上权威辞书都认为春申君开凿黄浦江是附会,但《辞源》将"申"解释为:"上海的别称。战国时为楚春申君黄歇封邑,故名。"此条目的解释显然有误,战国时期黄歇的封邑在苏州,不在上海。

对黄浦江的形成,上海的学术界通过文献研究早已有共识:"黄浦"之名,始见于南宋绍兴二十八年(1158),指自今浦东新区闸港至黄浦区十六铺的一条不大的天然河道,历史上多次改道,使吴淞江(现苏州河)、东江汇入黄浦,形成大黄浦。至于黄浦江之名,是在 1842 年上海开埠后才开始使用的。

复旦大学历史地理研究中心教授傅林祥,长期从事历史政治地理和上海古代史研究,他在 2015 年 12 月 14 日接受《解放日报》记者采访时说,上海处于我国长江中下游的冲积平原,其现在的地貌与水系形态,形成于距今一千到六百年前,这与两千二百多年前黄歇所生活的战国时代已有很大不同。黄歇时期的上海,大约以今松江和青浦为限,再向东便是大海。因此,如果说现在的黄浦江是春申君主持开凿的,肯定不符合历史。一方面,春申君黄歇晚年时期曾以苏州为中心,在其周边地区广泛开港凿江是史实;另一方面,黄浦江因年代原因不可能由黄歇开凿也是铁证;再一方面,苏州、上海等地民间供奉黄歇为尊者,并以"申"作为上海简称,也是客观事实。这其中有史实与传说的交汇,也有后人饮水思源的善意。

江南各地特别是苏州、无锡,都有春申君和相关建筑的传说,这种美好的传说,有的建立在一定史实基础上,有的是附会,但都表明为民造福的人,人民会永远记住他、纪念他。

由此想到,春申君最初的封地"淮北十二县"有没有这样的美好附会呢?比如,今天的安徽省淮北市有名叫"黄里"(风景区)的地方,与春申君有没有关系呢?地名"黄里"是不是类同于地名"孔里"?"淮北十二县"封地有人说在河南潢川、息县、淮滨等地,这些地方位于淮河以南,且与《史记》讲述春申君请封江东的理由"淮北地边齐"所指不符。

今天的淮北市,在公元前588年至前576年期间是宋国都城。

公元前286年,齐、楚、魏三国联手灭掉宋国,淮北市地域属楚国。

宋国被灭十四年后,楚考烈王将"淮北十二县"分封给春申君。公元前255年,春申君灭掉鲁国,淮北的封地与齐国接近。公元前248年,春申君以"淮北地边齐,其事急,请以为郡便"为由,"请封于江东"。所以,今天的淮北市与《史记》所指"淮北十二县"有较多的吻合之处。更多更确凿的证据还有赖于考古证实和史料的新发现。

(作者系安徽省淮南市作家协会主席,安徽省作家协会理事,安徽省《淮南子》研究会副会长)

楚国最后的政治强人

姚尚书

春申君黄歇，"战国四公子"之一，以其聪明才智辅佐楚考烈王二十五年，经略淮南，开发吴地，一生兢兢业业，卓有建树。他在辅政期间，奋力捍卫楚国的尊严，为楚国的历史天空留下最后一抹亮色。他的封地由淮南而到吴地，成为淮南与长三角地区密切联系的历史纽带。春申君长眠于淮南，他的墓园成为蔡楚文明的一个显著的文化符号。人们缅怀春申君，说他是楚国历史上最后一个政治强人，同时也为他的生不逢时而唏嘘不已，特别是他最终为小人算计，实在是一个天大的玩笑。一代政治强人春申君黄歇以悲剧形式走完一生，也给人们留下了更多的思考。

一、楚国的兴衰与黄歇的出仕

中国历史上的战国时期，战事不息，纷争不断。周天子的日渐式微，礼崩乐坏的社会环境，令有实力的诸侯国都明目张胆地产生了取而代之的野心。秦、楚、燕、齐、赵、魏、韩经过一轮轮的火拼，幸存下来的都不是善茬，国力虽有强弱，政治野心一样存在。而在这所有的诸侯国中，握有一手好牌的却是楚国。楚国幅员广阔，人口众多，地处荆蛮之地，民风向来强悍，最早不服宗周的辖制。在周天子所分封的诸侯国中，秦、齐、燕本为天子宗室，爵位为"公",通过非正常手段而三家分晋的韩、赵、魏,周天子赐爵为"侯",仅仅因为楚为蛮夷,周天子勉强给了个"子"的爵号。在周天子公侯伯子男五等封爵制中,楚的封爵无疑是最低的,体现了周天子对楚的蔑视。对此,日渐强大的楚国很不服气,对周天子也是时而臣服,时而叛衅,以至于周天子多次兴师问罪。最为著名的是周昭王十九年(前962),天子亲自率领大军伐楚,与楚军决战汉水。信心满满的周昭王本以为天子声威足以震慑不听话的蛮夷,不料楚人完全不给面子,声势浩大的周天子大军被打得溃不成军。结果周师全军覆没,周昭王姬瑕本人也命丧汉水。楚武王熊通深为国大爵小难以与诸侯并列为耻,直接向周天子提出不满,要求提高封爵,遭到拒绝后,便兴兵灭掉随国等汉水流域的一些姬姓小国,自称楚王。楚文王即位后,把都城从丹阳(今湖北秭归)迁至郢(今湖北荆州),楚国周边小国尽成附庸,楚国的势力向北发展到淮河流域,与中原诸侯的争夺也激烈起来。

周襄王十九年(楚成王三十九年,前633),楚国兴兵攻打宋国,引起中原国家的极度不安。宋国是周天子的三恪之一,为殷商后嗣的封国,向来受周天子的礼遇。楚成王选择宋国下手,是向姬姓诸侯国的示威。所谓"三恪",指的是周天子分封诸侯时,为前朝虞舜、夏、殷商分封的国家,以"继绝祀"。虞舜后裔封陈国,夏后裔封杞国,商后裔封宋国。宋国无力抵挡楚国的进攻,向晋文公求援。晋文公,即公子重耳,春秋五霸之一,在诸侯中颇有号召力。在晋文公的主持下,中原诸侯国暂时尽弃前嫌,围绕对宋国的援助,晋国与齐国结成诸侯联盟以抗衡楚国。周襄王二十年(楚成王四十年,前632)春,楚成王与晋文公的大军在城濮遭遇,发生了历史上著名的城濮之战。晋文公"先礼后兵",兑现了当年流亡楚国时许下的"退避三舍"的诺言。城濮之战使晋国声威大震,楚国则不得不敛其锋芒,多年不犯中原。晋文公凭借此战的胜利奠定了霸业基础。而此时,楚成王并未放弃图强霸业,当北上受挫之后,就转向东扩展。楚穆王继位后,延续向东扩展的国策,沿长江、淮水东下,翻越大别山屏障,向江淮间进军。而江淮间的淮夷诸国相对弱小,面对浩浩荡荡的楚国大军,无力抵抗。周襄王三十年(楚穆王四年,前622),楚国大军席卷而至,先后占领六、蓼、舒、巢等国,江淮西部尽为楚国所有。楚国的大规模扩张,也引起了地处江南的吴国的警惕。楚庄王时,楚国势力达到巅峰,屡次问鼎中原,把势力发展到了黄河流域,并且成为春秋五霸之一。楚令尹孙叔敖命人建造芍陂(今寿县安丰塘)水利工程,促进了淮南地区农业和经济的发展。随后,崛起的吴国越过长江,加入了与楚争夺江淮的行列。江淮一带成为吴楚两国反复争夺的地盘。而楚庄王之后,楚国长期的内乱也给了吴国以得手的机会,楚国不仅在江淮间的争夺中丧师失地,连郢都也被吴国攻破。而吴国不过是盛极一时,取代吴国成为江南霸主的越国,悉心经营的是水畔泽国,很快就放弃了经略江淮。楚国虽然日渐强大,但秦国雄视天下、气吞八方的态势已经形成。在与强大秦国的对垒中,楚国屡处下风,向东发展便成为它的出路。当楚国再一次挥师东进的时候,江淮之间如探囊取物。周贞定王二十三年(前446),与吴国联姻的下蔡,因为吴国早已没落而被楚惠王轻松拿下,整个江淮尽为楚地。

楚怀王(前328—前299)时期,楚国已经占有两淮与吴、越。其疆域已由江汉平原一带,向西溯江而上扩展到今四川东端,向北溯汉水而上扩展到今河南西南的南阳盆地和丹江流域,向南扩展到今湖南北部的洞庭湖平原,向东沿淮河和长江扩展到今河南东南、安徽北部、江西北部和山东南部、江苏、浙江一带。然而,楚怀王昏庸误国,对内任用奸佞小人,对外屡屡误判局势,在纷纭复杂的诸侯合纵连横中,满足于表面的风光而被人玩弄于股掌之中,坐大秦国的同时,自己也沦为秦惠文王的阶下囚。楚顷襄王在国力日下的情况下,毫无建树。周赧王三十七年(前278),秦将白起大破楚军,攻下楚国郢都,楚顷襄王被迫迁都于陈(今河南淮阳),这是楚国都城第二次被攻破,也是楚国第一次被动迁都。

周赧王五十三年(前262),楚考烈王熊完在风雨飘摇中继位。此时的楚国已经江河日下,不复往日。楚考烈王任用春申君黄歇为令尹,以图延续国祚,东山再起。黄歇就在这样的背景下,以全新的身份走上历史舞台。

黄歇入仕是在楚顷襄王时期。《史记》称他"游学博闻,事楚顷襄王。顷襄王以歇为辩,使于秦"。黄歇入仕之前,像当时一些有作为的政治家一样,并非蜗居一隅,而是游历各地,广结名士,增广见闻,陈述自己的政治主张,以期有所作为。黄歇在游学中逐步建立起自己的声望,楚国王室开始关注他,并对他委以重任。黄歇奉顷襄王派遣出使秦国,开始了他危机四伏却又屡有建树的非凡人生。

二、春申君黄歇的主要建树

黄歇的政治人生是从秦国开始的,终其一生,他都是为存楚抗秦而孜孜以求,负重忍辱,巧妙利用各种政治力量,对外与强大的秦国周旋,对内则极力化解矛盾,为楚国的生存积蓄力量。概而言之,他的一生有四大功绩载入史册:说秦存楚、冒死救主、相楚为国、迁都寿春。

首先,说秦存楚居功至伟。春申君黄歇出使秦国之日,便是楚国厄运将至之时。此时的秦昭襄王傲视群雄,屡屡兴兵中原,白起大军所向披靡,韩、魏两国因华阳之败而先后臣服于秦,秦昭襄王已命白起整饬军队,联合韩、魏大军西向伐楚。就在这千钧一发之际,黄歇到达咸阳,顾不得鞍马劳顿,直奔秦王宫觐见秦昭襄王,奉表陈情。

黄歇不愧是一个具有战略眼光的政治家,甫一出道就初露峥嵘。他谙熟中原诸国情形,对各国之间相互关系掌握得十分透彻,利用秦昭襄王生性多疑的个性,充分发挥其辩才,以先入为主的逻辑思路对天下大势进行有选择的分析判断。黄歇认为,秦、楚两强相争,真正得利的是韩、魏、齐等中原诸国;从国与国之间关系的亲疏来看,中原诸国由于饱受秦国的战争威胁,向来视秦国为仇敌,而楚国则因为长期的姻亲关系与秦国关系和睦;中原诸国因为无力抗衡秦国而臣服于秦,实属不得已,一旦得到机会必会东山再起;秦国如果进攻楚国,必然令楚国民众产生强烈反感,再树一个强敌;最关键的问题是:秦国联合韩、魏进攻楚国所能达到的结果不过是"弱楚",弱楚并不能使秦国得到好处,真正受益的还是中原诸国,而与楚国结盟更符合秦国利益。秦昭襄王最后采纳了黄歇的主张,命白起停止对楚国用兵,而且遣使携重礼到楚国结盟,并对韩、魏两国予以斥责。黄歇出使归来,受到楚国上下的一致礼遇。黄歇受此礼遇也是有理由的,不费一兵一卒使楚国得以保全,他为楚国立下的岂止是汗马功劳!

其次,冒死救主情义备至。所谓秦楚结盟也是有条件的,秦国要求楚国太子入质于秦,作为结盟的保证。既然太子入秦为人质,楚顷襄王便派黄歇以楚国使臣的身份陪同太子熊完一起入秦,对太子加以辅佐照应。春申君在秦国审时度势,游走于王公重臣之间,与秦重臣范雎保持友好关系。这一入质便是十年。周赧王五十二年(前263),楚顷襄王病重,太子完作为人质留在秦国,心中自然焦虑。春申君黄歇更是着急,为此多方游说范雎,陈述楚王重病缠身,万一不治而亡,太子远在秦国,楚人必然另立国君。太子熊完居秦十多年,对秦国有感情,不如立即遣归,继承王位,保持对秦的友好。万一太子不归,楚国另立国君,必然对秦无益。然而,老谋深算的秦昭襄王另有所图,只同意春申君先回楚国探视楚王疾病,太子熊完仍然不能脱身。局势难测,黄歇看透了秦王的用意:假如顷襄王病故,楚国另立新君,秦昭襄王便可以以送太子归国就位的名义出兵伐楚,楚国不堪一击,势必国破,割地不说,新君必将受到秦国的进一步要挟。只有太子回到楚国正常即位,这场危机才能化解。黄歇不过是楚国使臣,虽然看透秦昭襄王的阴谋,但要破解这一阴谋并不容易。紧急关头,只有铤而走险:既然秦昭襄王同意自己回国探视,何不利用这个机会与太子易服,从而使太子金蝉脱壳呢?黄歇立即行动起来,经过一番谋划,大大方方地进宫与秦昭襄王辞行,然后与太子易服,让太子先期乘坐使者的车马混出秦国,自己则留在秦国善后。等到太子走远之后,春申君黄歇才大摇大摆来到秦宫,对秦昭襄王以实相告。秦昭襄王大怒:自己的如意算盘居然让黄歇识破,是可忍孰不可忍! 秦昭襄王命黄歇自裁谢罪,范雎的一番说辞让秦昭襄王改变了主意。他说:"黄歇身为人臣,冒死追随其主多年,楚太子即位,必然重用黄歇。大王杀之无益,不如不治其罪而让其归国,以此与楚修好关系。"黄歇所经营的人脉在关键时刻发挥重要作用,秦昭襄王盛怒之后,觉得杀了黄歇也于事无补,不如卖个人情给他,最后让黄歇回到楚国。黄歇与秦昭襄王的斗法,最后以黄歇棋高一着而胜,楚国再一次免去兵燹之灾。

再次,相楚为国殚精竭虑。周赧王五十二年(前263),楚顷襄王卒,太子完继位,是为楚考烈王。春申君辅佐考烈王多年,备受其倚重,其封黄歇为令尹,号春申君,与齐国孟尝君田文、赵国平原君赵胜、魏国信陵君魏无忌齐名,后世称为"战国四公子"。

"战国四公子"的出现,是诸侯王权衰落的象征。《史记》称他们"方争下士,招致宾客,以相倾夺,辅国持权"。春申君黄歇辅国持权是不争的事实,因为楚考烈王生性怯懦,入秦为人质的十年备受压抑,身心受到严重摧残,无心国政,所有大政方针悉数交给春申君打理。因此,春申君是楚国真正的当家人。春申君也没有辜负楚考烈王所托,治国理政不敢怠慢。周赧王五十五年(前260),秦国兴兵攻打赵国,双方在长平对垒,赵国名将廉颇深知秦将白起及其所部极具战斗力,对秦兵的一次次进攻不予理睬,采取坚城固守之策,秦兵一时难以取胜。年轻的赵孝成王以为廉颇惧战,一次次派人责备廉颇,要他主动出击,廉颇不予理会。秦国劳师以远,经不起长时间的对峙,为求速胜,采用离间计,赵孝成王果然上当,夺了廉颇的兵权,以纸上谈兵的赵括取而代之。赵括年轻气盛,轻敌冒进,落入秦兵布下的圈套,兵败身死,赵国四十万兵士殒命长平,赵国从此一蹶不振。赵国面临灭顶之灾,平原君赵胜向春申君求援。黄歇知道唇亡齿寒的道理,率兵往救,解除邯郸之围。长平之战后,廉颇出逃魏国,赵孝成王为自己的过失深感后悔,有意派人迎廉颇回归,但为奸人算计,留下"一饭三遗矢"的谗言,廉颇报国无门。得知此事,黄歇派人把廉颇请到楚国委以重任,廉颇终老于寿春。

寿春城遗址石刻

周赧王三十一年(前284),楚顷襄王当政,与秦、赵、魏、韩、燕等国共同攻打齐国,夺取淮北十二县。楚考烈王八年(前255),春申君兴兵灭掉鲁国,改为兰陵郡,以荀卿为兰陵令。灭鲁是楚国又一次北向用兵的结果,楚国不仅巩固了淮北十二县,又把楚国的势力推进到黄河流域,一时重现中兴之象。淮南地区为春申君封地,淮北十二县本是齐国领土,属于膏腴之地,楚考烈王把它封给春申君作为封地(采邑),并把采邑的中心放在淮南,以为春申君祝寿的名义,改故州来、下蔡的都城为"寿春"。春申君作为楚国令尹,充分施展自己的政治抱负,楚国社会经济得到发展。经过十五年的经营,黄歇把淮南地区连同淮北十二县封地归还国家,在此设立郡县,加强管理,自己的采邑改封江东吴地。春申君进而开发吴墟,发展经济,为楚国营造最后的基业。因为春申君的关系,寿春与江东吴地(今长三角腹地)早在两千多年前便有着割舍不下的联系。

最后，迁都寿春再作抗争。楚国失去郢都之后，曾三度迁都，均为避开秦国的锋芒。周赧王三十七年（前278），秦将白起再度率军攻打楚国，夺取楚国的都城郢都，焚毁楚国先王墓地夷陵。楚顷襄王的军队溃散，不能再应战，退往东北固守陈城，并将都城迁到陈城。秦国本打算一鼓作气，继续攻打楚国，春申君黄歇说服秦昭襄王放弃伐楚的计划，为楚国争取了十几年的和平。顷襄王收拾兵力，恢复了长江流域的城池，暂时稳住了阵脚。楚考烈王十年（前253），楚迁都巨阳（今安徽太和东南）。此时的楚国东向立足的意图已经十分明显。东迁为的是避开秦国，也是为了经营江淮之间。从楚国迁都巨阳来看，春申君灭鲁国是一次有目的的战略转移。但春申君只是把巨阳作为暂时的都城，几乎是在迁都巨阳的同时，便开始在寿春进行了大规模的营建，毕竟，春申君熟悉寿春，这里的城市基础、地理环境、人口资源、交通条件都更适合建都。楚迁都事实上就是迁国。与蔡国君臣的仓皇出逃不同，楚人迁国经过了周密的准备。史料记载，楚都寿春有金城、相国城之别，金城为楚考烈王城，相国城为春申君及贵族所居，寿春城规模宏大。从考古发现来看，楚都寿春不仅规模宏大，而且都城有很细致的功能分区，宫殿与国库、匠作等都相对集中。如此做派绝非仓促可成。一方面，寿春经历了淮夷人、蔡国以及春申君黄歇的长期经营，一直是淮南名城，这是基础所在。另一方面，楚国人在与强秦对垒之时已经为迁都做好了准备，依照都城的要求对宫殿建筑、仓储区、匠作区等提前进行了建造。

楚考烈王二十二年（前241），寿春营建基本就绪，楚国正式迁都寿春，改寿春为郢（今安徽寿县）。一时间贵族士卿、将佐军吏、工商庶民纷至沓来，寿春很快成为拥有数十万人口的大都会。而国宝重器、金玉珠宝、甲车武器、日用器皿乃至文赋书简、工匠技艺等楚文化的精华也全部集中到寿春地区。春申君迁都寿春，旨在以江淮地区作为依托与秦国继续抗衡。就在迁都寿春这一年，中原诸国以春申君黄歇为合纵长，组成抗秦联合大军，直逼函谷关。无奈诸侯国力日蹙,再难组织起像样的抵抗,函谷关一败,秦国独霸天下已成历史必然,黄歇独木难支,也再难有所建树。从考烈王迁都,寿春历经考烈王、幽王、哀王、负刍,前后十八年光景。随着春申君黄歇的被杀,楚国栋梁不存,李园之徒当道,国祚不存已经不再意外。十八年中,楚国进行了最后的抗争,终被历史的洪流所淹没。楚王负刍五年(前223),秦将王翦率兵六十万灭楚,俘负刍,楚国灭亡。

三、春申君黄歇的悲剧结局

春申君黄歇出使秦国时的聪明睿智,令人拍案叫绝;处理国政的干练,利用矛盾化解矛盾的能力不逊于当世的政治人物,与"战国四公子"中的另外三人相比更为出色;春申君对淮南地区、江东吴墟的开发也是卓有建树。然而身处乱世,他最终难有更大作为。

楚考烈王虽然贵为诸侯王,却少有英雄气概,国事悉数托付于春申君。黄歇因传说中的李园妹妹李环之故,结怨于李园。李园是个势利小人,既无政治眼光,也无政治抱负,只知以国舅爷的身份恃宠骄横。此时,楚国已经风雨飘摇,江河日下之势不免。李园国贼之嘴脸虽然暴露无遗,但由于楚考烈王的庇护,春申君几番呵斥也无可奈何。此时,考烈王对李姬母子宠幸有加,对春申君也日益疏远。李园害怕春申君泄漏了太子身世的机密,暗中蓄养刺客,伺机杀春申君灭口。李园的行径并不可能瞒过所有人的眼睛,春申君的门客朱英已经发觉李园的阴谋,并劝谏春申君注意。然而,春申君不以为然,以为李园是一个微不足道的人。门客朱英知道结果不妙,遂逃出楚国,投奔他乡。

楚考烈王二十五年(前238),春申君为相二十五年,楚考烈王病重而亡。得知楚考烈王死讯,李园知道春申君必来吊祭,安排刺客埋伏于棘门之内。春申君闻讯前来,刚入棘门,便遭刺客击杀,春申君猝不及防,一代人杰死于非命,走完了自己的一生。刺客将春申君的头颅扔在棘门之外,扬长而去。失去政治柱石的楚国,很快走向沉沦,再无生机。

四、春申君黄歇的历史地位

第一,春申君黄歇不仅是楚国的干臣能吏,也是战国末期重要的政治家。一个政治家的养成需要独有的天赋和实践。春申君早年游学,在游学过程中对他所处的那个纷纭复杂的时代有着深刻的认识,对各国的风俗民情有较多的了解,为他的无双辩才增添了更多的用武之地,这是他能够成为一个出色政治家的基础。在早年的游学过程中,黄歇是以一个士子的眼光看天下格局的,入仕以后特别是长期出使秦国的经历,使他得以用更宽广的眼界看天下,在小心谨慎地维护楚国利益的同时,他可以从秦国宫廷的高度去看待世界格局。此时,大秦帝国气吞八荒的势头已经形成,秦国是扰动天下格局的风暴中心。黄歇身为楚国使臣,更能冷静地看待各国之间的消长态势。一旦身居相位,他的积累、他的声望以及他对天下格局的判断与应对,都能最快地付诸实施。首先,黄歇知道以楚国的弱势地位,必须力避与秦国的正面冲突,维系楚秦之间脆弱的盟约关系。为了达成这一目的,黄歇为相之初对秦无所作为,史书只有四公子之间夸富弄权的记载。秦国与赵国之间发生长平之战时,春申君也是作壁上观,绝不主动出击,以免惹怒秦国。其次,黄歇知道不能任由秦国继续坐大,在巧妙回避与秦争锋的同时,选择合适的时机和方式与中原诸侯国联合,与秦国周旋。长平之战后,赵国面临深重的危机,当其时,平原君赵胜向春申君求援,春申君也顺水推舟,以私人之谊出兵救赵,既避开长平之战正酣时主动介入而与秦国直接摊牌,又不致让赵国彻底沦陷。这种"耍滑头"的做法是战国之际政治家们普遍采用的手段,黄歇用起来自然是游刃有余。

第二,春申君黄歇具有战略眼光与思路。在楚国的生存困境中,他不是被动应付,而是胸中经营着一盘大棋。楚国迁都陈郢之时,长江上中游郡县几乎全部为秦国所夺,虽然利用两国的盟约关系,勉力收复了部分郡县,实际上无力固守,经略江淮腹地成为唯一选择。如何经略江淮?春申君利用封地在淮南,对江淮地区地理、人文、物产等情况熟悉,他在经营自己封地的同时,也在思考更大的棋局。

第一步,迁建都城。楚国第二座都城陈郢位于淮河上游,地近中原,但汉江流域被秦国占据之后,楚国都城受到秦国的严重威胁,不利于楚国的稳定。春申君迁都巨阳,避开秦国的咄咄逼人之势,同时选定国都为寿春,并进行了大规模的营建。如前文所述,楚都寿春城遗址考古证明,楚人进行过大规模营建,功能分区明显,说明楚国不是仓促间迁都。此时,楚国的疆域仍然是很大的,具有城市基础且兼有交通便利以及山河屏障的寿春,的确是都城的首选地。当然,寿春是春申君黄歇的采邑,情感因素也不能排除。

第二步,进占黄淮。春申君经营自己的采邑寿春以及淮北十二县十五年,保有这片膏腴之地足以支撑楚国经济民生。不仅如此,春申君灭鲁,进一步扩大了楚国在黄淮的国土。此时的楚国南到长江,中有淮河,北至黄河,仍然具有较大的回旋余地,仍有与秦国较量的资本。而且,楚国东迁后与中原诸侯国的依存关系更为密切,便于相互支援。各国虽有矛盾,但面对共同的强敌秦国,紧要关头联合抗敌是唯一的选择。

第三步,开拓江东。春申君把自己的封地从淮河流域移至江东吴墟,在此用心开发,也是为楚国寻求最后的战略支撑。有人认为春申君此举是畏秦避敌,是怯懦的表现。但笔者认为,春申君名为相国实为楚王的现实地位,决定了他没有远遁自保的动机,也没有现实可能。他对江东的开发是实实在在的,其深刻的用意不言明:狡兔尚且三窟,为了楚国的生存,开发江东是现实选择。

第三,春申君黄歇一生忧国,始终如一。春申君走上历史舞台的时候,楚国已经风雨飘摇。由于国君缺少政治智慧和魄力,在面对危机时常常进退失据,春申君成功地化解了一次次危难,与楚国共进退、共存亡。担任令尹之后,他兢兢业业,楚国一度呈现中兴之象,在战国末期各国日渐没落的大背景下,是难得一见的亮色。春申君的作为令中原诸侯国佩服,所以在秦国威胁日益迫近的情况下,推选春申君为合纵长,主持抗敌大局。函谷关诸侯兴兵抗秦以失败告终,成为诸侯联合抗秦的绝响,带有很强的悲壮色彩。楚国是这次会盟的组织者,春申君黄歇以其行动撕毁了与秦国的盟约,成为秦国打击的首选,付出的代价是很大的。但楚国以及中原诸侯国的沉沦是历史的必然,不是一个政治强人所能挽回的。春申君黄歇献李姬(李园之妹)给楚考烈王,更是忧国的具体表现。楚国没落日甚一日,国君没有子嗣,不啻雪上加霜,春申君为此想尽了办法均不能奏效,最后把怀有身孕的李姬献给楚考烈王,此举并不光明正大,甚至有人称之为窃国。但是,联系春申君的一贯作为,他对楚考烈王并无不尊,对国家的命运深为忧虑。如果国祚无人继承,楚国势必瓦解。作为一个出类拔萃的政治家,楚国的最终命运如何,他心知肚明,为子孙前途计,门客朱英的选择最为合适。事实上,从司马迁开始,负责任的史学家从未有春申君窃国之议。历代政治家与史学家对春申君的才能一直予以充分肯定,对他的结局则是抱有深切的同情。宋代的著名学者许衡说:"战国之四君,其可称者唯一春申耳。至如孟尝、平原、信陵三子,乃尸位素餐者也。"此堪称经典评价。

(作者系中国散文家学会会员,安徽省淮南市委党史和地方志研究室原主任,总编辑)

春申君黄歇生平

王晓珂

寿县始称寿春,源于春申君黄歇。"寿",长久、吉祥之意。《诗经·小雅·天保》有"如南山之寿,不骞不崩"句,寿春含"为春申君寿"意。

黄歇的生年历史无记载,有文推算其生于公元前 314 年,死于公元前 238 年。他曾经四处游学,见识广博,擅长舌辩,得到楚顷襄王的赏识,被任命为左徒。

公元前 273 年,楚顷襄王为了缓和与秦的关系,派黄歇出使秦国。这一年秦国打败了赵、魏两国,占领了韩的华阳(今河南新郑南),又迫使魏献出了南阳。黄歇使秦之前,秦已经决定派遣武安君白起率领军队与韩、魏两国联合进攻楚国,但军队尚未出发。黄歇抵秦,得到这一消息,怕秦乘胜灭楚,便紧急上书秦昭襄王,晓以利害。书中说,秦攻楚,必使齐、魏、韩等国得到楚国的大片土地而强大起来。从秦国的利益看,与楚和好,秦楚联合,秦可制服韩、魏,并能夺取齐国西部地区,如此,燕、赵、齐、楚四国都服从于秦了。秦昭襄王果然被黄歇说动了,于是取消了白起出兵伐楚的计划,并与楚国订立了友好盟约。

黄歇的游说,使楚国避免了可能招致灭亡的重大威胁。在此后一二十年里,楚秦两国之间没有发生大规模的军事冲突,使楚国的寿命整整延长了半个世纪。

第二年,楚太子熊完如约到秦国做人质,黄歇陪侍他住在秦国。过了十年,公元前 263 年,楚国派使者来报告,楚顷襄王病重,太子想回去,但无法走脱。

黄歇和秦国的相国、应侯范雎关系较密切,便对范雎说:"如今楚王病已垂危,秦国放太子回去继位,以后会更好地侍奉秦国,报答相国的恩德。若不放太子回,楚另立国君,太子不过是咸阳城的一个普通百姓而已,秦反而失去了与楚国的友好关系,对秦国来说,并没有好处,请您考虑一下。"范雎向秦王报告了这件事。秦王说:"可让黄歇先回楚国去探视楚王的病,等他返回咸阳再说吧!"黄歇与太子商量说:"秦留您,是想得到好处,但是您现在无法满足他们。您若回国太迟,怕国内另立国君,您就会失去王位。依我看,不如您随楚国使者逃走,臣下留在这里,以一死对付他们。"太子同意了,于是改换服装,逃回了楚国。黄歇估计太子已走远,秦兵追不上了,就主动向秦昭襄王报告了这个情况。秦王听了,顿时大怒,命令黄歇自杀。范雎劝秦王说:"黄歇愿以身殉太子,是一个忠臣。太子继位后,必定会重用他。我们如果放了他,将来他必然亲秦,对秦国是有好处的。"秦王果然释放了黄歇。

黄歇回楚后三个月,楚顷襄王病逝。太子熊完继任,即楚考烈王。楚考烈王任命黄歇为令尹,赐给他淮北十二县土地,封其为春申君。黄歇为报知遇之恩,竭心辅佐楚考烈王,除忙于政事之外,还积极组织和扩充"练卒"和"练士",打造兵器,如铜戟和铜剑,并开始使用铁兵器。正如《史记》记载,"楚之铁剑利",此时,楚国可谓兵强器利。春申君养门客三千,和齐国的孟尝君田文、赵国的平原君赵胜、魏国的信陵君魏无忌并列为战国后期四个著名的封君,历史上称为"四君"或"四公子"。现在上海市境内的黄浦江,相传为春申君黄歇所疏通,并因而得名(最早见于南宋时的记载)。黄浦江旧称黄浦,别称歇浦、黄歇浦、申江、春申江等,都是出于同样的原因。在江南一带,传说由春申君黄歇开凿或疏通的港浦河渠甚多,如浙江吴兴的黄浦、江苏江阴的申港、黄田港等。这些传说在宋朝以前的文献中就有记载,也反映了春申君黄歇重视农田水利工程的修建。

公元前266年,秦昭襄王罢免魏冉,任用范雎为相,对外实行"远交近攻"的策略,蚕食了韩国大片的土地,又与赵发生了冲突。公元前260年,秦赵大战于长平。秦败赵之后,次年秦军又围攻赵国都城邯郸,赵国向魏国求救。魏国派将军晋鄙救赵,而晋鄙害怕秦军,畏缩不前,魏信陵君窃得兵符,击杀晋鄙,挑选晋鄙部下精兵八万,解邯郸之围。赵平原君赵胜也突围到楚国求救,楚考烈王派遣春申君黄歇领兵救赵。在邯郸城下,赵军在内,楚、魏军在外,两面夹攻,结果联军大胜。秦军大败,秦将王龁狼狈逃窜,郑安平率所部两万人投降于赵。这是自白起拔鄢以来,楚、秦两军的主力第一次交锋,楚虽然是与赵、魏两国联合取胜,但也反映了二十年来楚国的国力略有加强。在秦、赵相拒于长平时,楚乘机夺取了鲁国的徐州。

楚考烈王七年(前256),秦昭襄王卒,楚考烈王不忘昔日之情,派春申君赴秦凭吊。

公元前255年,春申君又乘势率军北伐,灭亡了鲁国。司马迁说:"当是时,楚复强。"楚灭鲁的这一年,秦继续向东发展。秦攻西周,西周君投降。同年,周王朝的最后一代天子周赧王死去,历时八百余年、三十四王的周王朝为秦所灭。到公元前249年,秦灭东周,消除了周王室的最后一支残余势力。

这时,秦的主攻目标仍是韩、赵、魏三国,经过几年蚕食,夺去了三国大片的土地。公元前242年,秦攻占了魏的酸枣(今河南延津西南)、桃人(今河南长垣西北)、雍丘(今河南杞县)等二十城,建立东都,使得秦的国土与投靠秦的齐国直接连接起来,将韩、赵、魏拦腰截断,对韩、魏两国都形成了三面包围的形势,并且秦军离楚国的都城陈郢只有一百六十里路。这样,就造成了对东方各国的极大威胁，迫使这些国家结成新的合纵来对抗秦。

公元前241年，韩、赵、魏三国联合楚、燕组成五国合纵，仍以楚王为纵长，由春申君主持谋划策略，由赵国名将庞煖统领五国军队进攻秦国的蕞（今陕西临潼东）。从双方实力对比来看，五国联军不是秦的对手，秦军一反击，联军立即溃不成军。秦军乘势又攻占了赵、魏的大片土地。这是战国时期最后一次合纵斗争，此后，东方各国再也无力联合抗秦了。

安徽楚文化博物馆

为了避开秦的威胁，楚把都城从陈再迁到寿春（今安徽寿县），也称为郢。楚考烈王十五年（前248），黄歇接受赵国名士虞卿的建议，对楚考烈王说，"淮北地区与齐国接壤，那里的防务紧迫，把那里设为近郡更为合适"，并献出淮北十二县，请求封于江东。楚考烈王答应了他。

黄歇来到江东后，就在原吴都（今江苏苏州）城址修筑城池，作为自己的都邑。同时，为发展农业，使江东等城邑免受水患，他开始兴修水利，主持疏浚东江、娄江、吴淞江"三江"，其中以开浚黄歇浦（黄浦江）最为著名。

后来,春申君因"李环事件",遭到了阴谋小人李园的暗害。公元前238年,春申君当令尹已经二十五年。这一年,楚考烈王病重。黄歇门客朱英劝春申君除掉野心家李园,但黄歇没有听从他的建议,朱英便自己悄悄地走了。十七天之后,楚考烈王死去。李园果然抢先进了宫,在棘门里面埋伏好了刺客。春申君到时,刺客从左右两边夹击他,割下了他的头,扔到了棘门外边。李园又派人杀害了春申君一家。黄歇的儿子黄幼冲因远在吴国而幸免于难。黄歇死后由门客运出,葬于寿春城东乡。

熊悍成了楚幽王,李园代替春申君掌握了楚国的军政大权。

司马迁在《史记·春申君列传》中记:"太史公曰:'吾适楚,观春申君故城,宫室盛矣哉!初,春申君之说秦昭王,及出身遣楚太子归,何其智之明也!后制于李园,旄矣!'语曰:'当断不断,反受其乱。'春申君失朱英之谓邪?"唐杜牧《春申君》诗曰:

> 烈士思酬报国恩,春申谁与觉冤魂。
> 三千宾客总珠履,欲使何人杀李园。

后来,在春申君遇刺的地方,人们嵌上石刻刺客像"门里人",成为"寿州内八景"之一。现今城西南有春申君屯兵的西南小城,旧居遗址明清时犹称"春申坊",城东门外不远处尚有古名"黄公乡""春申里",还有春申君墓园供人们瞻仰。

(作者系国家税务总局寿县税务局寿春分局副局长,安徽省作协会员,寿县作协副主席)

春申君与楚考烈王的尔汝之交

楚仁君

春申君黄歇和楚考烈王熊完是春秋战国时期两个叱咤风云的风流人物,也是一对骇人视听的亘古奇人。一个是高爵显位、权倾朝野的楚国大臣,一个是屈一人下、伸万人上的楚国君主,两人在波涛汹涌的时代洪流中,身不由己地将个人命运和家国兴衰纠缠在一起,在漫长的交集、碰撞和共事过程中,君臣之间冲破纲常名教的樊篱,产生并建立起了情同手足、水乳交融的深厚友情。他们既有着廉颇和蔺相如式的刎颈之交,又有着孔融和祢衡式的忘年之交;既有着角哀和伯桃式的舍命之交,又有着伯牙和子期式的知音之交。两人交情亲密,不拘礼节形式,更多地显示出令人称道、羡慕的尔汝之交。这在等级森严的封建社会里,是难能可贵和异乎寻常的,也是从楚国深宫大院投射到民间的一束阳光,在带给人们一丝温暖的同时,也带来了挥戈返日的希望。

生死与共的兄弟情

公元前 273 年,秦国大举出兵攻打楚国,秦昭襄王命令大将白起同韩国、魏国一起进攻楚国。正准备出发时,恰巧黄歇来到秦国,得知了秦国的这个计划。以辩才出众的黄歇,立刻上书秦昭襄王说,秦国和楚国是最强大的两个国家,如果秦国攻打楚国,必然导致两败俱伤,很容易让韩、赵、魏、齐等国家坐收渔翁之利,不如秦国和楚国结盟,然后联合起来对付其他国家。

秦昭襄王被黄歇成功说服,于是下令阻止白起出征,又派使臣给楚国送去厚礼,与楚国缔结盟约,互为友国。黄歇回到楚国后,楚顷襄王为表示诚意,便派遣黄歇和太子熊完作为人质去秦国。在秦国当人质的十年里,黄歇无微不至地侍奉着太子的饮食起居,两人的关系超越左徒和东宫的职位界限以及支配与从属的主仆鸿沟。两人相互依赖、相互信任,逐步发展成无话不谈的朋友和志同道合的兄弟。

公元前 263 年,楚顷襄王身染重病,秦国却不同意太子熊完回到楚国。黄歇知道秦国丞相范雎和熊完关系很好,便请求范雎在秦昭襄王面前求情,放熊完回国探视父王。秦昭襄王害怕熊完一去不返,寻找各种理由扣留不放。此时,黄歇为太子熊完深深担忧,替他谋划说:"秦国之所以扣留太子不放,主要目的是借此索取好处。现在,太子想要使秦国得到好处,是无能为力的,我很是担心。而阳文君的两个儿子在国内,大王如果不幸辞世,太子又身在秦国,阳文君的儿子必定要被立为继承人,太子就不能继承王位了。你不如逃离秦国,跟使臣一起出去;让我留下来,以死来担当责任。"

太子熊完听从了黄歇的安排,换掉衣服,扮成楚国使臣的车夫得以顺利出关。黄歇自己则在住所留守,并以熊完生病为借口谢绝访客。等熊完走远了,估计秦国兵士无法再追上时,黄歇才向秦昭襄王说出实情。秦昭襄王听完暴跳如雷,但为时已晚,只得将怒气发泄到黄歇身上,下令让黄歇自尽。丞相范雎顺水推舟劝道:"大王息怒。熊完即位后,必定会重用黄歇,不如让他回去,以表示我们秦国的亲善。"秦昭襄王听从了范雎的意见,派人将黄歇送回了楚国。黄歇用偷梁换柱的计策,以命相抵送主归楚,自己也从虎口死里逃生。

辅车相依的君臣义

"相知在急难,独好亦何益。"这次在秦国的生死经历,让太子熊完进一步看清了黄歇的人格品质,对黄歇更是敬佩有加、情深义重。黄歇和太子熊完回到楚国三个月后,楚顷襄王去世,太子熊完即位,称为楚考烈王。公元前262年,为感谢黄歇的救命之恩,楚考烈王任命黄歇为楚国令尹,封为春申君,赐给淮北十二县(今河南信阳至江苏江阴地区)为封地。

春申君黄歇为报答楚考烈王的知遇之恩,尽心竭力辅佐楚王。黄歇除忙于政务外,还组织扩充"练卒"和"练士",研制打造铜戟、铜剑等兵器,并开始在战斗中使用铁兵器。司马迁在《史记》中记载:"楚之铁剑利。"此时的楚国可谓兵强器利。这时,齐国有孟尝君,赵国有平原君,魏国有信陵君,大家都竞相礼贤下士,招徕宾客,辅助君王治国理政。

在黄歇担任楚国令尹的第四年,秦国坑杀了赵国长平驻军四十多万人,次年又派兵包围了赵国都城邯郸。赵国危如累卵,邯郸向楚国告急求援。楚考烈王便派春申君带兵去解邯郸之围。黄歇不负楚王的重托,率领将士勇猛冲杀,打得秦军抱头鼠窜,落荒而逃。公元前255年,即春申君担任楚国令尹的第八年,楚考烈王派遣黄歇带兵向北征伐鲁国,次年黄歇灭掉鲁国。

春申君黄歇利用他的政治智慧以及长期积累的人脉资源,采取联合中原各诸侯国的策略,与秦国周旋,一度重现楚国强盛时期的风采。通过援赵灭鲁,黄歇在诸侯中的威望大增。从"楚益弱"到"楚复强",用了八年时间,春申君黄歇功不可没。楚考烈王为有黄歇这样的令尹辅国持权而暗自庆幸,黄歇也为有楚考烈王这样的君王赏识自己而深感荣幸。渐渐地,两人成为谁也离不开谁的亲密朋友,共同为楚国的图强霸业奉献着自己的智慧。

情理兼到的宾主恩

黄歇当初的受封地为寿春(今安徽寿县),其封号春申君与寿春有着十分密切的关系,也有着特别深刻的含义。"寿"为长远之义,"春"是万象更新的季节,表明楚国的新气象。"寿春"象征楚王朝永远保持下去。春申君黄歇受赐的淮北十二县包括寿春在内,寿春成为黄歇的封邑。黄歇受封后,选中依山傍水的寿春城这块风水宝地,开始正式经营这座西南小城。经过十四年的兴建,最终建成的占地总面积达二十六点三五平方公里的寿春城,成为春秋战国后期中国南方的大都市。

寿春城建成时,正是楚国与秦国争霸交战最为激烈的时期。春申君黄歇深谋远虑,为楚国迁都提早做好了准备。秦国步步紧逼,形势对楚国十分不利,黄歇遂向楚考烈王提出"迁徙都寿春"之议,立即得到楚王的赞同。据《史记·楚世家》记载:"(考烈王)二十二年(前241),与诸侯共伐秦,不利而去。楚东徙寿春,命曰郢。"《汉书·地理志》"九江郡寿春邑"下自注云:"楚考烈王自陈(今河南淮阳)徙此。"后记又说:"后秦又击楚,徙寿春。"

春申君黄歇为楚国迁都提前做了周密的安排。据史料记载,楚都寿春城建有金城、相国城。金城为楚考烈王之城,相国城(又称"西南小城")为春申君黄歇及其他贵族所居。从现代考古发现来看,楚都寿春城不仅规模

寿春城遗址

宏大,而且有很细致的功能区分,宫殿与国库、匠作等相对集中。如此规模,绝非仓促可成。一方面,寿春经历了淮夷人、蔡国以及春申君黄歇的长期经营,一直是淮南名城。另一方面,楚国人在与强秦对垒之时,已经为迁都做好了准备,依照都城的要求和规模对宫殿建筑区、仓储区、作坊区等提前进行了建造。营建基本就绪,才徙都寿春,改称郢都。一时间,贵族士卿、将佐军吏、工商庶民纷至沓来,使寿春很快成为拥有数十万人口的大都市。而国宝重器、金玉珠宝、甲车武器、日用器皿、文赋书简、工匠技艺等楚文化精华也全部集中到了淮南地区。

　　帮助楚考烈王完成迁都任务后,春申君黄歇深明大义,为楚国的江山社稷着想,请求楚王将其改封于吴,开发江东,楚王答应了他。公元前248年,已经六十多岁的春申君黄歇献出楚王赐予的淮北十二县,来到江东,将原吴都(今江苏苏州)作为自己的都邑。同时,为发展农业,使江东城邑免受水患,他带领民众兴修水利,主持疏浚东江、娄江、吴淞江,其中以开浚黄歇浦(黄浦江)最为著名,春申君成为上海有史以来记载的第一个政治、经济、文化名人。公元前 238 年,楚考烈王去世,春申君黄歇闻讯后悲痛欲绝,立刻乘坐马车,日夜兼程赶往都城寿春奔丧,不想,在寿春城棘门内被奸党李园的伏兵所杀,追随楚考烈王而去。

似乎是上苍的有意安排,让春申君黄歇和楚考烈王走到一起,从此相随一生,直至终老。维系他们之间关系的纽带,除了治理楚国的共同的雄心壮志外,还有情投意合、惺惺相惜的情感成分。春申君黄歇比楚考烈王年长二十四岁,可以说两人是忘年之交。楚考烈王在位二十五年,加上在秦国当人质的十年,春申君黄歇和楚考烈王相处和共事三十五年。在此期间,春申君黄歇和楚考烈王同患难、共欢乐,为了楚国的家国民生呕心沥血,殚精竭虑,有过艰辛,也有过喜悦,君臣之间和谐如师长,融洽如兄弟。正如《史记》中所说:"一死一生,乃知交情。一贫一富,乃知交态。一贵一贱,交情乃见。"世界之大,能相逢的人不多;人海茫茫,能相知的心很少。是缘分,牵引了春申君黄歇与楚考烈王两个人;是懂得,眷恋了春申君黄歇与楚考烈王两颗心。两个人相遇是命中注定的因缘,两颗心相惜是坦诚相见的真挚。春申君黄歇与楚考烈王的尔汝之交,演绎了一段千古佳话。

(作者系中国作家协会会员,安徽省散文家协会会员,现供职于寿县文化和旅游局)

由"州来"走向"寿春"

——试论"寿春"地名的由来

李家景

寿县古称寿春、寿阳、寿州,战国时为楚之东国,楚于此经营多年,楚之末年更是以此地为都。"寿春"之名,最早见于《史记·楚世家》,考烈王二十二年(前241)"楚东徙都寿春,命曰郢",可知楚人迁都之前已有"寿春"之名。"寿春"这一地名的由来引发了当今学者的兴趣,纷纷为之撰文立说。笔者试图结合此地早期历史,综述前人的研究成果,并提出自己的猜想,请大家斧正。

史前文明的滥觞

王湘在《安徽寿县史前遗址调查报告》中说道:"从(民国)二十三年(1934年)十一月九日至十二月四日的二十六天内,我和本所同事李景聃先生在寿县境内做考古的调查工作。虽然这次出发的动机是查勘朱家集李三孤堆的木椁墓,而寻求史前文化遗址实为我们主要之目的。"李景聃与王湘的此次调查,开启了安徽省现代考古的先河。

李景聃,安徽舒城人,时年三十六岁,"体气素强,食量兼人",有着强壮的体魄和丰富的田野考古经验。王湘,河南南阳人,时年二十二岁。中央历史研究院历史语言所考古组是民国考古界的脊梁,其主力被李济称为"十兄弟"。李景聃位列"十兄弟"之首,王湘排第八位。王湘虽是"十兄弟"中年龄最小的一位,但若论参加安阳殷墟发掘,他却是资格最老的一位。

他们"十八日离朱家集,经庄墓桥、杨家庙,至瓦埠渡瓦埠河,经江黄、戈家店,绕安丰塘北半,经迎河集转向正阳关返寿。惟西南乡楚考烈王墓所在之茶庵集,未敢冒险前去。调查结果,秦汉以前遗址计获十二,秦汉以后遗址亦得八处"。其中的十二处秦汉前遗址是魏家郢、彭家郢、古城子、陶家祠、江黄城、张罗城、金家庙滩子、酒流桥、刘备城、张飞台、斗鸡城、杨林桥。在这些遗址中,"遗物大致相同,多有磨制及半磨制之石器,魏家郢、古城子曾于雨后出现铜镞,此类遗址约属铜石并用时代"。

王湘在后来的调查报告中总结道:一、地形上,除金家庙滩子外,其他十一处遗址,遗物均出在水边的高处或孤堆上,应为当时居民拒水、用水、获取食物(出现大量蚌壳)方便的原因;二、包含物,近似于龙山期和小屯期,数量各有差异,石器较多,未见仰韶期遗存;三、遗物中,方格纹和条纹陶器特多,或许就是此类陶器的策源地。

龙山时期早于小屯时期(相当于商朝后期),是铜石并用时代,距今4350—3950年。也就是说,有相当证据表明,在4000年前,我们寿县这块土地上的先民已经开始制造和使用方格纹、条纹陶器,定居在水边的高地,种植水稻,从水中捕捞蚌类作为食物,并且利用牛、羊、鹿等动物的肩胛骨进行烧灼占卜,是这片古老土地上史前文明的滥觞。

文物中的寿县殷商时期

1928年10月13日,中央研究院历史研究所考古组在河南安阳小屯村一带开始考古挖掘。这一持续到当代的浩大工程,逐步揭开了商王朝的神秘面纱。商王朝前后相传十七世三十一王,从公元前1600年始,至公元前

1046年止。商代末年,帝乙、帝辛(纣王)两代多次大兴兵戎,终于征服了淮河流域,此地区完全变为商王朝的藩属。

商时,青铜器的铸造技术发展到高峰,成为商代文明的象征,这一点同样体现于寿县出土的文物之中。

宋代李公麟曾在寿州紫金山得"己宀"爵和"父乙"卣,为商代器物,记载见于吕大临所著《考古图》。

1985年,寿县博物馆于寿县北门废品收购仓库征集到一件铜斝。斝的用途,说法有二:一是温酒用具,二是作为礼器使用。斝的外形,多是三足、一鋬、两柱、圆口、平底、无流无尾,主要盛行于商代和西周初期。征集到的斝敞口,口沿立二菌状柱,柱顶饰卷云纹,直腹,束腰。束腰之上、下部各有六个扉棱,以扉棱为鼻,组成十二组云雷饕餮纹,平底微外凸,底部留有烟炱。颈、腹间作一半环状鋬三棱形锥状足,足尖外撇。通高28.4厘米,束腰围37厘米,重1.56公斤。此器显示殷墟中期风格,对于研究商文化向东南传播具有十分重要的意义。

《璀璨寿春·寿县文化遗产精粹》载,寿县丰庄镇涧洼冯小庙(仓陵城遗址)治淮退堤工程出土"饕餮纹铜铙"与"孤刃铜钺"各一,均为商代器。铙是打击乐器,似铃而较大,体短而阔,有中空短柄可安木把,用时铙口向上,以槌击之而鸣,一般三件或五件一组,其最初是作为军中号令之用。钺是兵器或刑具,用于砍杀,形状像后来之斧,有穿孔,需安长柄。钺为王者专用,王者用钺,以征王权,史载"周公把大钺,召公把小钺,以夹武王"。此二器同出一址,可见仓陵城遗址的规格之高,引人遐想无限。

绕不过去的"州来"

研究寿县地区的先秦史,"州来"是个绕不过去的话题。

州来国是古时江淮地区的一个方国。所谓方国,是指商、周四邻的部族。就西周时期而言,方国首领与周王无血缘关系,与侯国不同,诸侯大部分都是有血缘关系的。目前还没有文献资料或文物遗存来确定州来国的姓氏。

春秋时期,天子失柄,大小诸侯弱肉强食,吴国要西进,楚国要东渐,江淮之间成为战争旋涡的中心。州来国是个苦命的小国,鲁成公七年(前584),吴得申公巫之助,攻入州来。三十八年后,吴又入州来,由"入"字可见,吴只是短暂进入此地,其实际掌控权仍然在楚。昭公十三年(前529),"吴灭州来",这个"灭"字是十分重要的,可见州来方国的灭亡时间是明确的。

昭公四年(前538),"(楚)然丹城州来";其后,昭公十九年(前523),"楚人城州来"。这是有明确文字记载的寿县区域内的建城之始。春秋初年的时候,"城"字用法是很严格的,规定在邑筑城只能说是"筑",在都筑城才能说是"城"。春秋末年,用法就没有那么严格,变得很普通。楚国为了安置掌控范围内的其他族人,屡屡筑城,这样的"城"只能是普通城市的建置。

陈梦家在《寿县蔡侯墓铜器》一文中考证:"最不能定者是今寿县的古地名。我们所以暂定它可能是州来、下蔡者,一则由于州来故地不一定仅限于淮北,如此才能理解《左传》'州来淮北之田'一语;二则《水经注》淮水东岸的下蔡当在淮南;三则楚考烈王的寿春在今寿县西南四十里而寿州曾治于下蔡;四则由于此次蔡侯墓在寿县西门出现,若蔡都在淮北似不应涉淮而葬于淮南。以上所说,只能指示蔡都在淮南寿县境内,并非一定在今县城内。"结合下文将要提及的任经荣先生的文章,我们可以断定州来方国的区域包括今寿县、凤台、淮南市的部分地区。

蔡都"州来",城在何处

周武王灭商后,封自己的兄弟叔度于蔡,为"三监"之一。武王死,成王继,"三监"疑惧,遂联合武庚及诸侯反叛。周公旦率军东征,叔度战败,在流放中死去。叔度之子胡,奉公守法,韬光养晦,又被成王封于蔡,史称蔡仲。

邻国日渐壮大,蔡国生存在夹缝之中,艰辛可想而知。公元前508年,蔡昭侯朝见楚昭王,献一件精美皮袍,楚令尹子常索而不得,就于楚昭王面前大肆诋毁,致昭侯被囚楚三年。归蔡后,昭侯决心报复,时值吴国日益强大,欲北上争霸,蔡昭侯便以子为人质,约吴伐楚。公元前505年,吴、蔡、唐联军与楚大战于柏举,五战五捷,攻入楚都郢。秦救楚,楚昭王才得以复国。楚国岂肯善罢甘休?九年后,楚携陈、随、许三国军队大举伐蔡。蔡昭侯走投无路,只有把都城迁到距离吴国较近的州来故地,史称"下蔡"。

蔡都"州来",也就是下蔡在州来古国的故地上建筑了都城,那么蔡的都城究竟位于何处呢?

目前流传最广的是"蔡都凤台说",其史料依据大致如下:一、《汉书·地理志》云:"下蔡,故州来国,为楚所灭,后吴取之,至夫差迁昭侯于此。"汉下蔡县乃今凤台县,不包括淮水南岸的寿县。二、《水经·淮水注》云:"淮水又北经下蔡县故城东,本州来城也。"此言下蔡县故城即州来之城,以淮水流向定为凤台。三、嘉靖《寿州志》云:"下蔡城,(寿)州北三十里古州来也。《左传·鲁昭公四年》,(楚)然丹城州来。十九年,楚人城州来即此。"直言下蔡城即州来城。清代李兆洛在所编撰的《凤台县志》中,基本将"蔡都凤台说"坐实,其考订的结果是:州来下蔡故城即今下蔡镇,在州北三十里;下蔡新城是县西北三十八里淮河东岸的月河滩。李兆洛在清代文坛是有相当影响力的,他的这个论点被后人奉为圭臬。历史地理学家谭其骧主编的《中国历史地图集》标明,今凤台县即下蔡。已经去世的安徽师范大学历史系教授陈怀荃先生在《州来、豫章和寿春城的发展》一文中,也持"下蔡凤台说",但是他提出一个新的观点,就是"下蔡新城"是寿春城的肇始。

无可辩驳了吗?现已退休的原寿县博物馆文物部主任任经荣先生在《蔡都州来辨址》一文中,进行全面反击,令人叹服。

任先生首先以寿县西门内侧的蔡昭侯墓、淮南赵家孤堆蔡墓、东津渡西侧小型蔡墓、县城西南西圈春秋蔡墓均处于淮河南岸为有力证据,以因为迄今未在凤台县发现春秋遗存,进而质疑凤台说,提出"蔡都寿县说"。

继而,先生根据文物出土地及已发掘墓葬的资料,推测出"蔡都寿县"的大致方位。文中说"从蔡墓、蔡方壶、大府铜牛、鄂君启节以及西圈春秋晚期墓葬区的所在位置看,'下蔡'都城可能在出土春秋晚期铜方壶,战国中晚期大府铜牛、鄂君启节的史家圩子、邱家花园及其附近区域内。从寿春城遗址示意图来看,史家圩子正位于其中心地带,毋庸置疑,春秋战国之交的'下蔡'都城,肯定要比战国晚期楚郢都寿春城小得多。寿春城既然是在'下蔡'都城的基础上发展起来的,那肯定是以原都城为核心向四外扩展修建而成的。史家圩子所出铜方壶,与蔡昭侯墓所出的相似,其为宫室用器当无多大问题,据此,出土铜方壶的地点,可能为'下蔡'都城的宫殿所在地……以史家圩子及其附近区域为蔡都州来的所在位置,其与墓葬区的距离也是合乎情理的。西北距蔡昭侯墓约4公里,距西圈春秋墓地约2.5公里,东北距小型蔡墓约3公里,距蔡声侯墓约10公里,这样的墓葬与都城的位置分布,是符合下蔡的国情国力的"。

在文章的最后,任先生总结道:"(一)'蔡都凤台说'实是一种没有考古实据的盲目推测之论,虽是经典之言,但也不足为信。(二)'下蔡'之都、州来之城在今寿县可以确认,考古发现的春秋战国遗迹可以为证。(三)州来、下蔡、寿春之城实为一处,楚郢都的繁荣,实是经历了将近五百年的历史发展才形成的。(四)凤台的下蔡古城,可能起源于战国晚期,到汉代又发展成为下蔡县治。"

鄂君启节与"下蔡"地名

1957年4月,寿县八公山乡寿淮农业二社农民李义文、徐世均等人在当时的九里乡九里圩护堤的复堤工程中,于寿县城东南的邱家花园取土,发现了一些小金块(应为郢爰)、小铁锤、陶片和四块金属铸造的节状物。后来小金块被卖给寿县人民银行,小铁锤不知何时遗失,陶片被抛弃,剩下的那四块节状物,由李文章和徐传九带回家中保存。

楚国战车

自 1955 年蔡侯墓在寿县被发现后，当时的六安专署根据省文化局及当地党委的指示，于 1957 年 9 月抽调所属县的文化干部组成专区文物普查工作队，重点进行寿县境内的文物普查。当普查工作在寿县开展时，菱角小学教师朱则英动员李文章和徐传九二人将这四块节状物主动捐出，工作队当即予以接收。

一个当代考古史上的重大发现，就这样不动声色地出现了。而随后我国考古界的一批专家学者如郭沫若、谭其骧、商承祚、黄盛璋、殷涤非等人都围绕该文物撰文探讨，对其深入研究一直延续到今天。鄂君启节的出土，为研究战国时期的封邑、节符、税收等制度和商贸、交通、军事、地理、民族、文化等提供了极其珍贵的实物证据。

鄂君启节

鄂是地名，启是鄂君之名，节是该凭证的名称。此物共五件（其中一件舟节为 1960 年蒙城县王氏出售），计车节三件、舟节两件。节用青铜铸成，形似竹片，中间有一节，可由五件的弧度合为一圆筒形。车节长 29.6 厘米，宽7.1厘米,厚0.6厘米,弧长8厘米;舟节长31厘米,宽7.2厘米,厚0.7厘米,弧长8厘米,金节表面均有错金铭文,三件车节铭文均相同,两件舟节铭文也相同。现在车、舟节三件藏于安徽博物院,另外的车、舟节各一件藏中国历史博物馆。

舟节每件163字,车节每件148字。舟节铭文每行18字,计9行,内重文1字;舟节铭文每行16字,计9行,内重文1字,合文3字。重文皆用两短横表示,合文两字作一字排列,恰好满行。节文排列整齐,字皆错金,行间有直线相隔,笔画遒劲工整,可见当初设计时的精心与高超技艺。

铭文中所载地名非关即市,均为当时的交通要道,大体上反映了战国时楚国的水陆交通路线。舟节与寿县无涉,且看车节。车节的陆路交通分为四条线路,北线、西北线、东北线、东线。东线有"庚下蔡,庚居巢"之记载。刘和惠先生据车节路线认为此"下蔡"即今寿县地,而非前人所说凤台,"有关文献称下蔡邑在今凤台县,乃是不清楚先秦之下蔡不同于秦汉之下蔡所致。今得考古资料以明之,不能不是一件快事。可以断言,节文之下蔡,在淮南而不在淮北"。结合秦时的驰道路线,可知刘先生"断言"的正确性。"下蔡"作为一地名,其文字记载明确出现文物中,这应该是目前所见最早的。

鄂君启,字子皙,是战国时期楚怀王之子。这位楚国封君,在鄂君启节出土后才为世人所知。鄂君启节也从文物的角度证实了此地为楚之东国。由于其铭文中有"大司马昭阳败晋师于襄陵"的记载,可以判定此组舟、车节的铸造年代不早于楚怀王六年(前323)。节中记"下蔡"而不言"寿春",可见"寿春"这一地名出现的上界,不会早于公元前300年左右。

"寿春"地名的四种观点

楚考烈王二十二年(前241),楚"徙都寿春,命曰郢"。从文字看,此次徙都之前,寿春城已形成,寿春之名也已出现。就目前所见的资料,关于"寿春"这一地名来历的讨论应该是近几十年才开始的,主要有四种说法,试综述之,以资参考。

一、"为春申君寿"说。这应该是当下最流行的说法,似乎更容易为大众所接受。明确提出这一说法的文字来源于《寿县志》:"考烈王元年(前262),此地为春申君黄歇的食邑,始得名为寿春(寿,长久之义,吉祥之词;寿春含'为春申君寿'意)。"

二、"徙都命名"说。这个说法是由骆科强先生提出的,推论较为新颖。作者先推测"春申"是地名,为"寿春"前身。有段关于"春申"为地名的文字十分精彩:"根据杨宽的《战国史》以及何浩和孙国志的相关文章,笔者统计出总共有151名封君,除去4名不知封号的封君以外,在147名中只有武安君白起、春平君、武襄君、信平君、文信侯、春申君、昌文君7位封君无法确定为地名,只占总数的4.64%,根据笔者的考辨,即便是'春平''武襄',也有可能是地名,'信平'肯定不是雅号,那么就只有'文信'和'春申'两个名号不能确定是否地名,占总数的1.32%;比较杨宽的《战国史》来,比例由45.7%下降到4.64%,再降到1.32%,这种趋势使得我们有必要改变认识:与其将那些不明来历的封君名号悬度为雅号或谥号,不如将他们全部归入封邑地名更有把握。从而可以认为春申君的名号来自于其初封地的地名。"进而,作者根据文字资料结合出土文物,证明战国末年,春申君黄歇曾于此(寿春地)建邑、食邑之事的可信,从而得出"寿春最早的名字或许就叫春申"的推断。最后作者亮出自己的观点:"但我认为,寿春之名的出现,可能正是在公元前241年这一年,春申君将原来自己的封地春申扩大,筑成规模庞大的楚都城,起名'寿春',意思是祝福楚国的国运长久,都城'春申'长久不衰,或者暗含着从此以后不再迁都了的意思。"

三、"古字古音演变"说。此说法为曲英杰先生所提出,从"州来""州黎丘""寿春"三个词的古文字演变推断出。由于笔者对古文字知之甚少，只将先生此段文字照录如下：其称寿春，与州来同义。

《左传·成公十年》载："晋立大子州蒲以为君。"《史记·十二诸侯年表》载鲁成公十一年，"晋厉公寿曼元年"。《晋世家》亦载："十九年夏，景公病，立其太子寿昌为君，是为厉公。"可知"州"与"寿"，古音相通。"春"之古字从"屯"得声，见于寿县出土的蔡侯钟及寿春府鼎等。可假借为"蠢"，如《考工记·梓人》载："张皮侯而栖鹄，则春以功。"郑玄注："春渎为蠢。蠢，作也，出也。"而"蠢"可假借为"屯"，如《后汉书·南蛮西南夷列传》赞曰："百蛮蠢居。"如此，则寿春当即寿屯。"屯"意为"阜"。《庄子·至乐》曰："生于陵屯则为陵舄。"《释文》引司马注：屯，"阜也"。"屯"又有"守"意。《左传·哀公元年》载，楚人围蔡，"夫屯昼夜九日"。杜预注："夫犹兵也。垒未成，故令人在垒里屯守蔡。"《释文》曰："屯，徒门切，注同。屯，守也。"寿屯之"屯"，或取"阜"意，则寿屯与州黎丘同；或取"守"意，则寿屯意为在州来驻守之所。

四、"椿树长寿"说。崔恒升先生曾从"春"为"椿"之省体入手，来考释"寿春"之名的来源。崔先生在文中说道："以下谈谈'寿春'名称的内涵和由来：'寿'指年岁长久。《说文·老部》：'寿，久也。'这是人人皆知的……由此可见，'寿春'即为生长年岁长久的椿树。《列子·汤问》有'上古有大椿者，以八千岁为春，八千岁为秋'之语，此意正与之相吻合……又据明嘉靖《寿州志·食货志·果类》记载：古时寿县一带普遍生长椿树……椿既是江淮之间普遍生长的树木，而且历史悠久，同时又有如此众多的特点和用途，其中特别是因为易生而长寿，故以之命名，有它重要的意义。"

以上四种说法，前二者以史实为假托，皆指向"春申君"，后二者以文字演变为切入点，另辟蹊径。然第一种说法未见史载，无文字资料可直接证明；第二种说法缺乏文物支持，迄今未见"春申"作为地名的铭文出现；第三种说法没有剖析"州来"的来历,直接把"州来"等同于"寿春"或"寿屯",稍显牵强,但考证出"州""寿"相通,则颇有建树;第四种说法,未见其他例证,直接臆测,可信度很小。可见"寿春"地名的来历,仍需进一步的探讨。

"寿春"得名的新猜想

笔者在 2018 年参与申报寿县为"千年古县"的文本撰写时,审查组的专家牛汝辰先生曾建议从星次分野理论来探讨县名中"寿"字来历,这一建议给我以莫大的启发。

古代天文学家将天上黄道带分为四象,即东方苍龙、北方玄武、西方白虎、南方朱雀。他们进一步对天上的星辰细分,便有了寿星、大火、星纪、大梁、实沈、鹑首等十二星官即十二星次。古人认为天地之间处于一种相互映射的状态,"在天成象,在地成形",便将地上的州、国划分为十二个区域,使其与十二星次相对应。东方苍龙与东夷相对应。东方苍龙的三个星次是寿星、大火、析木,其中寿星与东夷的淮夷部落相对应。

夏商周之时华夏民族的分布,统称东夷、西羌、南蛮、北狄。淮夷部落是东夷集团的重要组成部分,是以鸟为图腾的氏族部落,主要分布在淮河流域,活动于今山东南部、河南东南部、江苏北部及安徽境内。

《新唐书》:"郑、汴、陈、蔡、颍为寿星分。"五地恰为昔日淮夷活动区域。但是此"蔡"并非专指"下蔡",寿县古时也并不是寿星之分野。光绪《寿州志》载:"寿州淮南地于天官在星纪之次,为斗分;淮北地在大火,为房分。"

那么,寿春、寿县之"寿"真的与寿星分野没有关系吗?其实,我们只要结合淮夷的迁徙就能做出合理推断。

目前的共识是:州来古国是由莱人南下所建,故称州来。《尚书·夏书》《史记·夏本纪》等书也记载夏的东方有莱夷等小部落,这些小部落都是淮夷的重要组成部分。莱人之所以被称为"莱",是因为莱人首先培育了小麦,"莱"字具有"麦"意。莱人分布于山东的中部地区,此地区恰恰是寿星分野之地,今天的山东潍坊地区在夏商时期就有名为"三寿"的古国。

如前文所说,周武王死后,年幼的成王继位,"三监"疑惧,联合武庚及诸侯反叛,淮夷亦响应。"周公奉成王命,兴师东伐……宁淮夷东土,二年而毕定。"受此打击,淮夷大部分南迁至今淮水流域,莱人自然也在其中。南下至淮河中游的莱人,凭借先进的小麦种植技术在此扎下根来,繁衍壮大,渐渐地取代了原来的土著,形成一个强盛的部族。为了区别于其他部族,这支南下的莱人部落被称为"州来"。

"莱"与"来"字古时意相通,可互用,那么为何称为"州来"呢?由曲英杰先生的"'州'与'寿',古音相通"的考证成果,完全可以推断出"州来"即"寿莱",即是从寿星分野之地迁至淮河中游的莱人部族。此"州"字就是后来寿春地名中"寿"字的来源。

州来灭国后,此地又沦为楚、吴的争夺地带。鲁哀公二年(前493),走投无路的蔡昭侯自新蔡迁到州来故地,在此历四世,公元前447年蔡灭,此地再次为楚国控制区。后世为了区别,将州来故地上的蔡国称为"下蔡","下蔡"又衍生为地名,并且见之于前文所提的不早于公元前323年所铸造的鄂君启节铭文之中。可以推断"下蔡"地名使用也有百余年,较"州来"时间为迟为短。

那么寿春的"春"字的来源又是什么呢?

从鄂君启节铸造时间公元前323年起,至楚迁都寿春改名为"郢"的公元前241年止,共计八十二年,中间减去"下蔡"的沿用期,可知"寿春"地名的出现时间当在公元前241年之前的几十年之内。

考之于史册,寿春中的"春"字的来历就很明确地指向了一个人——春申君。

"楚考烈王元年（前262），封时相国黄歇为春申君，'赐淮北十二县'给春申君，黄歇就在此着意经营，遂成名邑。"春申君受封是在公元前262年，此短短几十年间的地名由"下蔡"到"寿春"，只能与春申君有关。

行文至此，我们可以做如下猜想：周成王初年，来源于寿星分野之地的莱人南下至淮河中游，凭借先进的小麦种植技术而日渐强大，他们在此地建立名为"州来"（寿莱）的方国；历时四百年左右，州来国灭，其城其地又为蔡国所利用，进而形成"下蔡"这一地名；公元前262年，"下蔡"故地成为春申君的封地，其时改地名为"寿春"，"寿"字来源"州来"之"州"（寿）字，有吉祥长久之意，"春"字来源于封号"春申君"之"春"字。

两千年来，"寿春"这一地名见载于各种史籍及出土文物之中，"寿春"二字如同DNA序列中的最强基因，传承着本地的历史，向世人展现其独特的魅力。

（作者系安徽省淮南市政协文史专员，淮南市历史文化研究会秘书长，现供职于寿县财政局）

走近春申君黄歇

时本放

泱泱华夏，巍巍神州。在博大精深的中国历史文化宝库里，代代楚人薪火相传，为淮河两岸、大江南北留下了许许多多极其珍贵的文化遗产，有物质的，也有精神的。春秋战国时期楚国的春申君黄歇，可谓一位忠信自强的志士仁人，千百年来，他忠于国家、忠于民族、顽强不息的进取精神，成为封建士大夫学习的典范。

黄歇青年时代曾四处游学，见闻广博，是那个时代精英阶层中的精英，是一位出类拔萃的社会活动家、政治理论家和军事地理学家，后为楚顷襄王赏识、重用，成为楚国的一位重臣和治国能手。

据《史记·春申君列传》记载，公元前 272 年，楚国与秦国通好，楚太子熊完由黄歇作陪入秦做人质。公元前 263 年，楚顷襄王病危，派遣使臣到秦国要求太子熊完归国，秦昭襄王不同意。于是，忠信智勇的黄歇劝说太子打扮成楚国使臣的车夫，混到车队里面逃离了秦国，而他自己则留在了秦国。秦昭襄王得知这一消息后大为愤怒，当即下令要黄歇自我了结。在黄歇命悬一线的紧急时刻，他的好友秦相国应侯范雎的调和鼎力相助，方使黄歇留得一命，平安地回到了楚国。黄歇回到楚国三个月后，楚顷襄王辞世，太子熊完继立为楚王，这就是考烈王。第二年，考烈王任用曾经患难与共的黄歇为令尹，封其为春申君，赏赐淮北十二县，即今河南省信阳市、南阳市一带。

黄歇为楚相期间,尽忠国家,施仁政、聚人才、重农商、强兵革,功绩卓著,显赫于世。公元前257年,秦国继长平之役大胜后又围困了赵国都城邯郸,楚国派春申君带兵救援。公元前254年,黄歇亲率楚军向北征伐,并将鲁国纳入了楚国版图。楚考烈王二十二年(前241),春申君率五国军队抗秦。公元前248年,黄歇向考烈王进言,请把申地划为郡治管理,献出淮北十二县,请求江东封地。考烈王应允了他。

春申君黄歇受封于江东后,分别设立都邑,派遣族人管理,迅即着手开发和整修"吴国故墟"等地。这里讲的"吴国故墟",既指吴国故都,又泛指原来属于吴的地域,包括太湖流域及其以南广大地区,像今天的常州、无锡、江阴、太仓、昆山和上海,均为春申君黄歇的封地。据《越绝书》记载,黄歇在江东充分利用自然地理优势,大力修建以灌溉为主要功能的河渠水利工程。他所主持兴建的水利工程,既可以防旱又可以排涝,自然也会用于渔业生产、水道航运,几乎已经达到了蓄、灌、排、渔、航等综合配套、全面治理的水平,比三百多年前孙叔敖修建的安丰塘功能要齐全得多。古往今来,黄歇可谓是主持开发长江三角洲的"天下第一人"。

就是这样一位国家重臣,卓有远见的治国能手,最后却成了悲剧人物。史上传说春申君也过不了"美人关""权欲关"。众所周知,影响春申君一生形象的是其晚年的"移花接木"之说。关于这一点,安徽省淮南市作家协会主席金好历时多年,查阅古今资料,从辩证唯物史观出发,广"证"博引,翔实地考证了春申君"移花接木"一说,推定此说是历史的谬传。她认为,司马迁讲述的所谓春申君"移花接木"的故事发生的时间与所涉人物的相关时间不合逻辑;其次,空间上不合常理,考烈王二十二年,春申君正在外率六国军队合纵抗秦,长年不在王都;最为关键的是,"移花接木"之说最大的失真是说"考烈王无子"。考烈王真的是"卒无子"吗?对这个关键性的问题,司马迁在《史记·楚世家》中,却说明了考烈王几个儿子的情况,直接否定了自己在《春申君列传》中讲述的"楚考烈王无子"的故事,也间接否定了春申君"移花接木"之说。清代著名学者黄式三在《周季编略》中推断这个故事时认为:"此必后负刍谋弑哀王犹之诬言也。"意思是,《史记》《战国策》中春申君"移花接木"的故事,是楚王负刍阴谋杀害楚哀王时虚构出的一个谎言。这个谎言在负刍成为楚王后流传了下来,就成了"史实",而后人司马迁、刘向就把这个无法考证的故事写进了史书,流传至今。这种说法比较客观,接近实情。常言道,十里无真信。何况是交通、信息极不发达的春秋战国时期。笔者认为,一方面,春申君是位忠诚重义的仁人,不会做出那种荒诞欺君的事;另一方面,春申君始终跟随并维护以楚考烈王为核心的楚国统治集团,他重权在握,如怀篡逆之心,用不着使用那些龌龊伎俩。但有一点可以肯定,作为"战国四公子"之一的春申君,在六国合纵抗秦战争失败后,"楚考烈王以咎春申君,春申君以此益疏"(《史记·春申君列传》)。在此情况下,看到眼下的"九好一不好便

春申君驾战马雕塑

恼"的楚考烈王,春申君有些失望,他不慕权势,不甘于乐享清闲,明智地上书献出淮北十二县封地,乞得江东封地,然后远离王都,去开疆拓土,发展江东经济,做强国富民的大业去了。这在当时真是一大壮举,这样志存高远的人怎会做那些令人不齿的事呢?!当然,这些只是推断。从历史的各个迹象看,楚考烈王接纳的李园之妹李环,也可能是春申君在李园的唆使下向楚考烈王推介过,甚至亲自献给楚考烈王的;但如说是春申君先纳了李环,"知有身",然后献给了楚王,笔者实在不敢苟同。春申君的人品决定了他不会做那贻笑大方的蠢事。真正的阴谋家、野心家是李园,李园专事察言观色、投机取巧那一套,没有其妹李环的故事,他后来也不可能成为楚国上层人物。

纵观黄歇的一生,他这个天下君子却有着致命的缺点,就是不善于听取他人意见和建议。他可谓文韬武略样样精通,论为人处世、胆识和才干,他是一个开明睿智、大气谦和、出类拔萃的佼佼者。这一点,时人公认。而要说识人、用人、知人善任,他就有些愚钝了。《战国策·卷一七·楚四·天下合从》记载:春申君率六国军队合纵以抗秦,他以临武君即赵将庞煖为将,魏加指出庞煖曾被秦军打败过,犹如惊弓之鸟。也就是说庞煖患有"恐秦症",故"不可为拒秦之将也"。春申君却听不进魏加的建议,致使合纵联军很快吃了大败仗。在他担任宰相的第二十五年,即公元前238年,楚考烈王病重行将死去。当时,黄歇有个门客朱英,对他说李园居心叵测,待君王死了以后应马上杀死李园。而他却当成耳旁风,毫无戒备。楚考烈王死后,李园抢先进入王宫,在棘门即宫门内埋伏刺客。黄歇闻报丧后,急忙入宫奔丧。当年的楚王宫位于今城之东,东津渡大桥之西,宫殿遗址群立,现有"寿春城遗址石碑",在寿蔡路北侧。春申君黄歇哪里想到,李园早已派刺客埋伏在宫门之内,待他这里前脚刚跨入宫门,那里李园豢养的刺客从两侧突然蹿出,蜂拥而上,不由分说割下黄歇的头,丢到宫门外边。同时,派官吏带人把他家满门抄斩,老老少少一个没留。

春申君黄歇遭人算计遗恨寿春的悲剧已经落幕两千多年了,想来叫人扼腕!不过,还是古人说得好:"轧金无足赤,白璧有微瑕,求人不求备。"

春申君黄歇死后,被葬在今安徽省淮南市赖山集,即今天的谢家集区李郢镇。1992 年,谢家集区政府出资修葺黄歇墓并竖碑,2000 年动工兴建、落成"春申君陵园"。现今,墓冢巍然高耸,碑文笔力遒劲;墓周松柏成林,四季滴翠常青;青石栏杆环绕,陵园一片肃穆。李园则因做了亏心事,夜夜听见鬼敲门。不知是时人的精心安排,还是后人刻意编派,李园死后葬于春申君黄歇墓的西侧,墓地周围遍生刺槐,每年夏初挂满一嘟噜一嘟噜白花,当地人代代传闻那是李园在为春申君黄歇披麻戴孝。黄歇大墓一年四季都在歌唱的松涛,则是献给一代功臣春申君的安魂曲。春申君黄歇挟异智、居相位,却不免身死人手。为此,寿县人为了从春申君遗恨寿春的悲剧中汲取教训,在宋代重新筑城的时候特意制作了"门里人"石匾,即一石质深浮雕"刺客像",嵌于城南门内侧、原瓮城城门东墙的壁龛中,以警世人:谨防小人暗箭伤人!现在的城南门东侧城门洞内东墙壁上镶嵌的浅浮雕"门里人",则是原件的延续和继承。

早在汉朝之初,司马迁为让这种悲剧不再重演,就在《史记·春申君列传》篇末中给世人以忠告。他慨叹:"吾适楚,观春申君故城,宫室盛矣哉!初,春申君之说秦昭王,及出身遣楚太子归,何其智之明也!后制于李园,旄矣。语曰:'当断不断,反受其乱。'春申君失朱英之谓邪?"往事越千年,当我们回顾历史、默然思量,在人类的历史长河中,那些忠信勤勉、自强不息、奋斗一生最后被小人暗算而不能善终的事不胜枚举。

人间正道是沧桑,那些为国家和民族事业而奋斗的人,他们恪守道义,人们会永远记在心中。而如李园、秦桧那样的奸佞小人只会遗臭万年,永远被人唾弃。今天,春申君雕像坐落在寿县南门外春申广场上,他仿佛还在风尘仆仆地忙于公务,行人经过时无不向他投去感佩的目光。

(作者系安徽省淮南市政协文史专员,寿县政协文化文史和学习委员会原主任)

春申君的历史贡献

李家勋

春申君黄歇,一位叱咤风云的战国名相、晚楚功臣。在他政治生活的主要舞台——楚故都寿春城,近年辟建了雄阔的春申广场。春申君塑像高高站立在铜铸驷驾马车之上,再现当年贤相威仪,接受人们的瞻仰。回顾春申君的一生,他上书秦昭襄王,说秦善楚,阻止了一场即将爆发的"灭楚"战争,奠定了他在此后为楚建立丰功的基石;他经营寿春,为晚楚王国打造了最后的都邑;他开发江东,为长江三角洲地区最初的发展奠定了基础;他站在时代的高点,招贤纳士,开拓了南方楚国延揽人才、激励竞争的智库模式。春申君这位辅国持权的晚楚功臣,对楚国的贡献是多方面、开创性的,他的影响遍及豫、鄂、皖、苏、浙、沪。

春申君《上秦王书》

根据《史记·春申君列传》记载,公元前 273 年华阳之战后,"韩、魏服而事秦。秦昭王方令白起与韩、魏共伐楚"。此前,楚顷襄王因为黄歇善辩,让他"使于秦"。黄歇"闻秦之计","乃上书说秦昭王",此即所谓春申君《上秦王书》。

考证楚国历史,春申君《上秦王书》显然是他在楚获取高位的基础,也是他能在此后做出杰出贡献的历史起点。

这封《上秦王书》首见于《史记·春申君列传》，后来被刘向等人收入《战国策》《新序》和《后语》等，文字与《史记》无大出入。

上书正文首段有文字称："先帝文王、（庄）王、王之身，三世不妄接地于齐，以绝从亲之要。今王使盛桥守事于韩，盛桥以其地入秦，是王不用甲，不信威，而得百里之地。王可谓能矣。王又举甲而攻魏，杜大梁之门，举河内，拔燕、酸枣、虚、桃，入邢，魏之兵云翔而不敢救。王之功亦多矣。王休甲息众，二年而后复之；又并蒲、衍、首、垣，以临仁、平丘，黄、济阳婴城而魏氏服；王又割濮、磨之北，注齐秦之要，绝楚赵之脊，天下五合六聚而不敢救。王之威亦单矣。"因这段文字涉及的"文王、庄王"及具体历史事件，都为秦昭襄王之后的秦国君主及史实，后世学者或以为《上秦王书》非秦昭襄王时事，更有人认为此非春申君所为。如李善注《文选·辨亡论》引"楚、魏之兵云翔而不敢救"，以为上书乃顿子（顿弱）说秦王，蒙上章为说，必《战国策》旧读。钱穆据此推断，"知鲍氏本无起首一节，实为《国策》旧文。自《新序》《后语》皆本《史记》，以此文在顷襄迁陈后秦昭襄王时。至剡川姚氏据以增补入《策》，后人遂群以此文归诸春申矣"，并进一步指出，司马迁不了解春申君出身贵戚，"以为春申必有大功奇绩，始获信任，而考实无从，因以或人之说始皇者，误以属之春申也"。但清人黄丕烈《战国策·札记》持说谨慎，他未遽肯认上秦王书非秦昭襄王时事，也未对黄歇作书说轻易提出疑义。

检视全文，除此段外，其他涉及史事的文字，均与公元前273年上书时情势暗合若符，而与此后不合，如"今王中道而信韩、魏之善王也，此正吴之信越也。臣闻之，敌不可假，时不可失。臣恐韩、魏卑辞除患而实欲欺大国也……故韩、魏之不亡，秦社稷之忧也，今王资之与攻楚，不亦过乎"。因此，我们有理由认为，《上秦王书》中"先帝文王、庄王之身……王之威亦单矣"一段文字，宜为太史公误从他书植入者，全书未可轻易否定为华阳战后春申君所作。

作为一篇重要的历史文献,春申君《上秦王书》值得研究者有下:

一、说秦善楚是春申君根据形势做出的理性选择

关于当时的形势,《史记·春申君列传》大略云:"秦昭王使白起攻韩、魏,败之于华阳,禽魏将芒卯,韩、魏服而事秦。秦昭王方令白起与韩、魏共伐楚,未行,而楚使黄歇适至于秦,闻秦之计。当是之时,秦已前使白起攻楚,取巫、黔中之郡,拔鄢、郢,东至竟陵,楚顷襄王东徙治于陈县。黄歇见楚怀王之为秦所诱而入朝,遂见欺,留死于秦。顷襄王,其子也,秦轻之,恐壹举兵而灭楚。歇乃上书说秦昭王。"太史公所言"秦昭王使白起攻韩、魏,败之于华阳"过于简略。事实是,到公元前273年,魏国投入赵的怀抱,赵、魏两国组织联军向韩进攻。韩求救于秦,秦派白起大破赵、魏联军于华阳。接着,秦、韩进围魏都大梁,由于燕、赵两国来救,秦接受了魏所献南阳地后退兵。此后应该才出现"韩、魏服而事秦。秦昭王方令白起与韩、魏共伐楚"的情势。当时,日渐衰落的楚国不但无力与强秦抗衡,而且蒙受"亡郢辱祖"之痛,处于动荡不安之中。所以春申君在秦国听到三国联兵攻楚的消息后,情急之下,乃主动上演了一出说秦善楚的大戏。

春申君上书的要点是说服秦国主攻韩、魏而善楚。他申述道:"天下莫强于秦、楚。今闻大王欲伐楚,此犹两虎相与斗。两虎相与斗而驽犬受其弊,不如善楚。""楚国,援也;邻国,敌也。""今王中道而信韩、魏之善王也,此正吴之信越也。臣闻之,敌不可假,时不可失。臣恐韩、魏卑辞除患而实欲欺大国也。""故韩、魏之不亡,秦社稷之忧也,今王资之与攻楚,不亦过乎!""夫以王壤土之博,人徒之众,兵革之强,壹举事而树怨于楚,迟令韩、魏归帝重于齐,是王失计也。臣为王虑,莫若善楚。"

应该说,春申君的这封上书论天下大势,纵横捭阖,联类取譬,文采飞扬,雄辩地陈述了善楚与否的利害关系。秦昭襄王接读上书后,当即称

"善"。

春申君说秦善楚为何能成功？这与魏国当时所处的位势有关。当是时，魏国处"天下之中身"。此前，秦国曾三次围攻大梁，目的在于灭亡魏国，使秦国本土能和攻齐所得的定陶等城邑相连接，以便"绝山东从（纵）亲之腰"，把燕、赵和楚、韩隔绝开来，"是示天下要（腰）断山东之脊"。到公元前266年，范雎为秦相，提出"远交近攻"战略，应与春申君说秦转攻韩、魏而善楚不无相合之处。

应当说，春申君主张秦攻韩、魏而善楚，是为楚国计，不当厚责。

二、春申君主张仁义并天下

秦惠王时，司马错向惠王提出首先攻灭西南"戎狄之长"的蜀国，由巴蜀水道通楚，"得蜀则得楚，楚亡则天下并矣"的主张，被秦惠王采纳，于公元前316年开始实施。这可以认为是战国时期正式出现兼并天下战略主张及战略举动的标志。春申君活动时期，统一天下的主张已逐渐被人们接受，但人们主张的"一天下"之道不同，秦行商鞅一派法家"一民""强国"之术，以赤裸裸的暴力取天下；孟子立意高远，主张以"仁义""定于一""不嗜杀人者能一之"；荀子则对孟子的主张做出了修正，主张大王小霸，"上可以王，下可以霸"，要求隆礼而重法，"隆礼尊贤而王，重法爱民而霸"，以孔子之道实现统一。

在《上秦王书》中，黄歇指出："王若能持功守威，绌攻取之心而肥仁义之地，使无后患，三王不足四，五伯不足六也。王若负人徒之众，仗兵革之强，乘毁魏之威，而欲以力臣天下之主，臣恐其有后患也。《诗》曰'靡不有初，鲜克有终'。《易》曰'狐涉水，濡其尾'。此言始之易，终之难也。何以知其然也？昔智氏见伐赵之利而不知榆次之祸，吴见伐齐之便而不知干隧之败。此二国者，非无大功也，没利于前而易患于后也。""肥仁义之诚"，《战国策·秦四》姚宏续注本："肥，犹厚也。地，犹道。厚宣仁义之道，则天下皆仰之。"鲍彪新注本引高诱注："地犹道。"显然,黄歇有取于孟子,或者说接近孟子,但他也曾亲善荀子,可见黄歇在这方面接近儒家。可惜他的这一思想未获充分展开。

俯瞰安徽楚文化博物馆(图片提供:王晓珂)

需要特别指出的是,春申君时期的诸子,已不大宣扬仁义天下的主张,行世的是法家、阴阳家等思想。春申君有取于儒家的仁义主张,是很可贵的。之后在经历暴秦速亡之后,步入西汉,陆贾、贾谊、董仲舒等才逐步明确了仁义在国家政治进程中的重要作用。

三、春申君上书具有纵横家术的特点

《上秦王书》反映了春申君未达时的性格,通观全文,纵横捭阖,比类夸张,明显具有战国纵横家的特点,故为刘向《战国策》所收,这是过去未多注意者。其实,《史记·春申君列传》和《战国策》开宗明义地点明了这一点,春申君"游学博闻,事楚顷襄王。顷襄王以歇为辩,使于秦","楚人有黄歇者,游学博闻,襄王以为辩,故使于秦"。

春申君同其他三君不同,可能属"士"之上升者,也可能是贵族中接受纵横家、游士影响较多者。《史记·春申君列传》与另三君的传记颇有异，它未语及春申君是否出身贵族。对此，钱穆提出如下解读："余考《史记》载春申事，不足信者颇有之。《韩非》书（《奸劫弑臣第十四》）以春申为楚庄王（庄王即襄王，见前考）弟，与《史记》绝不同。韩非亲与春申同时，其言当可信。……且七国自秦外多用宗戚主政。四君并称，如信陵、平原、孟尝皆贵戚，知春申正亦以王弟当朝。"他又引他文补证道："《史记·游侠列传》：'近世孟尝、春申、平原、信陵之徒，皆因王者亲属，藉于有土卿相之富厚，招天下之贤者。'则亦以春申为王者亲属矣。《汉书·游侠传》：'由是列国公子，魏有信陵，赵有平原，齐有孟尝，楚有春申，皆藉王公之势，竞为游侠。'亦称春申为公子。金氏《国策补释》云：'春申与孟尝、信陵、平原并称四公子，当亦楚之疏属，故朱英说以代立。'"因此，钱穆认为："春申自为顷襄之弟，非以游士事楚甚显。"

我们以为，黄歇究属楚顷襄王弟，抑或如自己的朋友虞卿那样，"游士致显"，应该都不足以否定春申君《上秦王书》这桩史事，也不足以否定春申君接受纵横家影响的可能。

其实，认为春申君出身于楚国贵族，便不能有纵横家、游士的言论，是一种过于本质主义的意识。依照这种历史观，孟尝君的一些行为更难以理解。

春申君取效纵横家术，作《上秦王书》，也有秦重游士、纵横家术之现实影响的因素。秦重游士、纵横家术的历史表现，后世学者有所关注，内藤湖南曾指出："秦也用游士，但做法异于三晋，即并不是在国政停滞之际使用游士，而是作为新兴之国在逐渐发达、国政并未停滞时使用游士，由此得秦非常之功而走上强大之路，最终成为第一强国。"

史称春申君上书后，秦昭襄王"于是乃止白起而谢韩、魏。发使赂楚，约为与国"。到秦实行"远交近攻"战略后，更为楚赢得了多年相对和平的环境。

晚楚时期春申君的历史贡献

晚楚时期春申君做出的历史贡献，是其以上秦王书为起点的历史活动的归宿。马育良曾指出："晚楚文化，并非另有独特内容与特色的楚文化，它仅指先秦楚文化发展的一个阶段。这一时期的楚文化，按照张正明的理解，已经进入所谓文化发展的'滞缓期'，但它在楚国迁都寿春和文化东渐中还是取得了一些硕果，并对后世产生了重要的影响。"与晚楚文化相应的是楚国历史上的晚楚时期。这个时期楚国的政治核心人物是黄歇，他在这个时期的历史贡献至少表现在以下几个方面。

一、利用《上秦王书》及秦实行"远交近攻"战略的持续效应，一定程度上维持了晚期楚国的国力

春申君《上秦王书》的意见被秦昭襄王采纳后，秦楚关系趋于缓和。这样，楚国人民在相对和平的环境中，获得了难得的休养生息的机会。从这个意义上说，对春申君《上秦王书》应该给予充分肯定。因为黄歇出使秦国的目的就是劝诱秦国罢兵善楚，这个目的达到了，这表明他的谋略是成功的，而历史也由此得以改写。黄歇上书，充分体现了他的胆略智慧和外交才能，为我们提供了一个弱国外交迂回前进的经典案例。

此后的史实更证明了这一点。公元前 269 年，秦、赵发生阏与之战，秦国遭遇惨败。公元前 266 年秦"远交近攻"后，给楚造成了更多的机缘。公元前 265 年，秦国大举向韩进攻，到公元前 260 年，引发了空前惨烈的长平大战。公元前 256 年，秦继续向韩、赵进攻，秦昭襄王灭西周。而楚国则借这几次机会，进一步蓄积和发展了自己的力量。还在秦、赵两军相持于长平时，楚军在春申君统领下，已乘机开始兼并鲁国。就在秦灭西周的同年，春申君灭掉了鲁国。

但随着秦与魏、韩战局的变化，局势逐渐发生逆转。楚国力量也随之进一步向今安徽境内迁移，到公元前241年，楚迁都寿春。

当然，我们也可以认为楚国以及春申君没有更多的实力和能力来利用这难得的喘息机会。尽管后来楚国勉强组织了合纵攻秦之役，楚考烈王任合纵长，黄歇具体任事，但是兵不精、心不齐，函谷关一战，合纵军作鸟兽散。

这应是历史的局限和悲哀。由于综合国力的悬殊，更因为企盼统一已是民心所向，成为历史发展的大趋势，而这不是凭借楚国，更不是凭借黄歇一己之力所能改变的。

二、经营寿春和推动楚国迁都寿春

古代寿春是与春申君的名字紧密相连的。历史上任何一个国家的定都与迁都，都牵涉到国家的安危成败。楚国从怀王被扣身死以后，国家开始衰败。从公元前278年开始，楚人三十多年间一直在陈、淮一带徘徊，直到公元前241年才迁都寿春，"命曰郢"，正式确立了国都的地位。刘和惠认为："楚定都寿春，表明楚人已从败离的情绪中恢复过来，人心逐渐稳定。"而选都寿春，带来晚楚相对稳定和繁荣的最大功臣，正是春申君，连寿春都因他而获名。

寿春的前身是下蔡。春申君封淮北十二县地时，下蔡易名为寿春，并进行了历史性的营建。楚寿春城承袭纪郢旧制，结合寿春的地理环境进行设计、改造和扩建。经春申君苦心经营十几年，寿春成为当时仅次于燕下都的全国第二大都市，是晚楚政治、经济、文化的中心。

春申君选都寿春，从根本上说是出于对寿春山川形胜和战略地位的考量。古人向有"守江必守淮"之说。清《寿州志》称："寿州当长淮之冲，东据淮河，西扼涡颍，襟江而带河……南人得之，则中原失其屏障；北人得之，则江南失其咽喉。"古代寿春是兵家必争之地，也是中原通向江南西路水道之要冲，南北货物集散之地，粮草丰盈的鱼米之乡。

战国晚期的寿春城,位于今寿春镇东南。今寿春镇为宋城,不及当年的六分之一。楚寿春城选址科学,重视水利,讲求实用。营建中,南引芍陂之水与淝水交汇,城中河道纵横,舟楫如梭,商贾云集。州人苏希圣赞之为"古代东方威尼斯"。寿春地处南北粮区过渡地带,也是吴、楚、中原文化和淮夷文化的交汇之地。无论从山川形胜,还是就传统环境观论,寿春背靠青山、二水分流的格局,都是罕见的。楚寿春城的宏阔、雄奇、唯美,以及堪称世界之最的楚青铜器、鄂君启节的发现,楚郢爰、卢金的大量出土等,无不凸显其晚楚时期政治中心、金融中心、商贸中心的地位。

据曲英杰推算,当时寿春城人口多达二十万众,这在古代是个了不起的数字。因此司马迁和班固几乎异口同声地惊叹:寿春"亦一都会也"。马育良认为,寿春"这种经济都会的地位,直到隋唐京杭大运河凿通后,历经宋元,才逐渐有所削弱"。

三、推动晚楚文化东渐

春申君苦心经营寿春、选都寿春,使晚楚有了休养生息、得以发展的新的政治、经济、文化中心。他主持国政,强兵革,重农商,兴教化,综合国力有所增强,楚都寿春也获得了空前的繁荣。这为他就封吴地后推动晚楚文化东渐、开发江东累积了一定的能量。

"春申君封吴和就封最早应发生在考烈王八年(前255),最晚不应迟于楚国徙都寿春。"春申君就封吴地及此后的文化传播、江东开发,使江东大片蛮荒之地逐渐受到晚楚文化的浸染,并成为楚国的粮仓和战略后方,这推动了后来的上海、苏州、无锡、湖州等长江东三角洲地区的初步发展。至今,上海城隍庙四季祭祀的神尊仍是春申君,苏州、湖州等城市也奉其为建城始祖,以春申为名的江、桥、路、坊、祠及纪念馆散布江东,大量的历史文化遗址表明了江东一带人民对春申君的敬仰与怀念。

春申君巨大的历史贡献和深远影响,作为一种精神力量,仍具有重要的现实意义。时间跨过两千多个春秋,如今以申城上海为中心高度发达的长三角地区正在为推动皖江等中西部地区经济和社会的发展,发挥着越来越强劲的辐射作用。这种时代的轮转和反哺,不也是另一种历史的回响吗?因此,探讨寿春大地与申城黄浦江乃至长三角地区的历史文化渊源,加强交流合作,共谋新时期发展大计,其意义仍是不可低估的。

(作者系中华诗词学会会员,安徽诗词学会常务理事,寿州诗词学会原会长)

经略江东

春申君缘何选江东请封

金 妤

　　"战国四公子"之一的春申君,从公元前 262 年开始辅佐楚考烈王,任楚国令尹(宰相)二十五年,其生平事迹被载入《史记》《战国策》《越绝书》等史册,受到韩非子、司马迁、王充等历史名人褒贬不一的评价。到了唐代,更有著名诗人杜牧、张祜、张继等作诗感怀春申君。春申君的功过是非被后人常念,然,春申君为何选江东请封,却少有人提及。

　　江东,又名江左,长江在九江、南京之间,呈西南至东北走向,自汉初始,习惯上称自此以下长江南岸地区为江东。两千多年前的江东,地处今天的长江三角洲核心区,昔日的江东地区现在已成为我国经济发展活跃、开放程度高、创新能力强的区域。如今,中央提出长江三角洲区域一体化发展重大战略,地处安徽中北部的淮南市,也在用各种举措拥抱、融入长三角。彼时,身处楚国国都寿春(今淮南市寿县)的春申君,选中江东作为自己的封地,也是具有一种拥抱和融入的姿态。后人在提及此事的时候,都认为春申君此举是为了"开发"江东,殊不知春申君选择江东作为自己的封地,初心并非只是为了"开发"江东,而且用"开发"一词显然并不严谨,因为当时的江东不是荒蛮之地。春申君到江东之后,依靠自己的能力在前人的基础上进一步建设了江东。建设江东的一个初心,是为了告慰一位先贤,春申君从请封江东到迁都寿春,都是在寻访这位先贤的人生足迹。

一、江东的历史

公元前 248 年,春申君向楚王提出请封江东,江东的地域在之前的吴国境内。吴国是周朝王族的诸侯国,始祖为周文王的伯父太伯,姬姓,存在于公元前 12 世纪至公元前 473 年的长江下游地区,国境位于今江苏、安徽两省长江以南部分地区以及环太湖浙江北部。太湖流域是吴国的核心,后扩张到安徽、江苏两省全境及江西省东北部分地区。吴国是春秋中后期较为强大的诸侯国之一,史书中常称吴国为"勾吴",在吴王阖闾、夫差时达到鼎盛。吴国鼎盛时灭亡了淮夷、徐夷、州来、巢、钟离、钟吾、邗等东夷之国和楚国属国,疆域大为扩张,成为东南霸主。吴国还曾击败郯、胡、沈、陈、许、蔡、顿、鲁等国,实力不可小觑。

春申君的封地是之前的吴国核心区域,在吴国都城周围(今江苏常州、无锡、苏州等地),其中,曾作为吴国都城的吴大城,是公元前 514 年吴王阖闾命大臣伍子胥"相土尝水,象天法地,造筑大城"(《吴越春秋》),所以,吴大城又叫阖闾城。现代的考古证实,阖闾城遗址在常州与无锡交界处,大部分位于常州市。吴大城宏伟壮观,《吴越春秋》描述为:"周回四十七里,陆门八,以象天八风;水门八,以法地八聪。"《越绝书》的记述则更为详细:"吴大城,周四十七里二百一十步二尺,陆门八,其二有楼,水门八。南面十里四十二步五尺,西面七里百一十二步三尺,北面八里二百二十六步三尺,东面十一里七十九步一尺。"

吴大城是吴国称霸中原时期建造的,此时楚国已经开始从鼎盛时期逐步走向衰落。公元前 506 年,孙武率领吴军大败楚军,攻入楚国都城郢,《淮南子·泰族训》记载,吴军进入楚国都城后:"烧高府之粟,破九龙之钟,鞭荆平王之墓,舍昭王之宫。"楚昭王逃到随国。楚国向秦国求救,申包胥哭秦庭,感动秦哀公,秦国发兵救援楚国,帮助楚国收回都城复国。秦军撤后,楚军又被吴军连连击败,楚国不得不迁都都都以避吴军锋芒,从此开启了楚国一遇事就迁都,迁都仍避免不了失败的历史模式。

吴国在夫差的主政下,在西破楚国之后,于公元前494年大败越国,使越臣服。此后,吴国又打败齐国,全歼十万齐军,成为东南一霸。公元前482年,楚国向西北进军,会晋定公于黄池,歃血为盟。就在夫差举全国之力赴黄池之会时,越军乘虚而入,大败吴军。公元前473年,越再次兴兵,终灭吴国,夫差自刎,吴地属于越国。

楚怀王二十三年(前306),楚国灭越,吴地属楚国,设江东郡,由楚国朝廷直接管辖。从楚怀王到楚顷襄王,朝廷一直派官员在江东郡管理着之前的吴地,直到怀王的孙子、顷襄王的儿子即位。公元前262年,太子熊完成为楚考烈王之后,黄歇拜为令尹,封以淮北地,号春申君。楚考烈王十五年(前248),改封春申君于江东。

二、黄歇为什么能做到改封江东

黄歇作为楚国执掌一国之内的百官之长,成为战国时期有名的四公子之一,后人多以为是他的能力和功劳使然。这当然没错,黄歇确实具备超越常人的能力和胆识。他拜为楚国令尹,直接原因是他陪太子熊完在秦国做了十年人质。在顷襄王三十六年(前263),楚顷襄王患病,黄歇又设计让太子安全逃回楚国。楚顷襄王去世、熊完即位之后,就将与自己朝夕相处了十年的黄歇任命为令尹,并将淮北十二县封给他,号春申君。此后的二十多年,春申君黄歇凭着才华和胆识在诸侯国中享有一定的威望,与魏国信陵君魏无忌、赵国平原君赵胜、齐国孟尝君田文并称为"战国四公子"。

以上是《史记》等古籍让我们看到的历史的一面。黄歇能成为楚国令尹、"战国四公子"之一，还有藏匿在历史深处的原因，而隐匿的因素才是最直接、最关键的。隐匿的因素就是黄歇的真实身份。黄歇的真实身份应该是王族子弟。

公元前145年出生在汉朝的司马迁，在写《史记》的时候，因为秦始皇焚书坑儒的缘故，诸侯国的史书大多已不存在，所以对百年前楚国的史料占有不多，在《史记·春申君列传》说："春申君者，楚人也，名歇，姓黄氏。游学博闻，事楚顷襄王。"

司马迁的讲述，让我们知道黄歇出现在历史舞台上是在楚顷襄王的时期。而且这个时候，"秦已前使白起攻楚，取巫、黔中之郡，拔鄢郢，东至竟陵，楚顷襄王东徙治于陈县"（《史记·春申君列传》）。楚国面临危难，"秦昭王方令白起与韩、魏共伐楚，未行，而楚使黄歇适至于秦，闻秦之计"，黄歇就上书秦昭襄王，使伐楚计划未能实施。接着，黄歇又奉命"与太子完入质于秦，秦留之数年"。此时，黄歇的身份是左徒。

春申君祠墙雕

左徒是楚国特有的官名,根据《史记》记载,楚国有屈原和黄歇担任过左徒。《史记·屈原贾生列传》说:"屈原者,名平,楚之同姓也。为楚怀王左徒。"《史记·楚世家》说:"楚考烈王以左徒为令尹,封以吴,号春申君。"

左徒在楚国是个重要官职,"入则与王图议国事,以出号令;出则接遇宾客,应对诸侯"(《史记·屈原贾生列传》)。如果不是王族的人,怕是没有资格担任左徒的。屈原是楚武王熊通之子屈瑕的后代,春申君也应该是王室的人。

春申君是王室的什么人?司马迁在《史记·游侠列传》中似乎有所交代:"近世延陵、孟尝、春申、平原、信陵之徒,皆因王者亲属,藉于有土卿相之富厚,招天下贤者,显名诸侯,不可谓不贤者矣。"意思是:近代的延陵季子、孟尝君、春申君、平原君、信陵君这些人,都因为是国君的亲属,凭借着有封地和卿相之位的富有,招揽天下贤士,在诸侯中显扬名声,这不能说他们不是贤才。

在这段话里,司马迁把春申君说成是楚王的亲属。春申君是楚顷襄王时候的人,他是楚顷襄王的亲属吗?与春申君同时代的一个名人韩非子给了我们答案。

在《韩非子·奸劫弑臣》中写道:"楚庄王之弟春申君。"这里的"楚庄王",后人结合史书记载的事件和人物考证,并非春秋五霸的楚庄王熊旅,而是楚顷襄王熊横。钱穆先生在《先秦诸子系年考辨》中也说:"余考楚顷襄王,又称庄王。"说韩非子写的"'楚庄王之弟春申君。'夫春申君侍顷襄太子质秦,则韩非所指庄王,上不能为怀王,下不能为考烈王,其即谓襄王明矣"。钱穆先生还说:"韩非亲与春申同时,其言当可信。"

黄歇是楚顷襄王的弟弟,那么他才能竭尽全力地为自己的王国效力,出使秦国,说服秦王不要伐楚。这样的情景跟申包胥哭秦庭如出一辙。

申包胥是春秋后期楚国的大夫,包胥是字,申是食邑。他是楚厉王的后代,与伍子胥是好友。当年伍子胥因父遭谗被害而出逃至吴国,并于楚昭王十五年(前506)用计助吴国大军攻破楚国。此时的申包胥,"赢粮跣走,跋涉谷行,上峭山,赴深溪,游川水,犯津关,蹠蒙笼,蹶沙石,蹠达膝曾茧重胝,七日七夜,至于秦庭。鹤跱而不食,昼吟宵哭,面若死灰,颜霉黑,涕液交集"(《淮南子·修务训》),向秦王求救,秦哀公最终被感动而出兵救楚。

申包胥、黄歇都是楚王室的人(后代),才会对楚国如此忠心。如果今人单看他们的名字,不知道历史隐秘中他们的身世,就不会知道这份"忠心"里面其实更多的是血缘情感。

黄歇的"黄",应该跟申包胥的"申"一样,属于食邑,是在他年幼的时候,由楚王封赐的。等到黄歇成为楚国令尹时,封地淮北十二县,十五年后又换封江东,只有王族子弟才能拥有这样的特权。申包胥只是楚厉王的后代,黄歇则是楚怀王的儿子、楚顷襄王的弟弟,具有这样身份的黄歇,司马迁才能把他与延陵、孟尝、平原、信陵相提并论,"皆因王者亲属,藉于有土卿相之富厚,招天下贤者,显名诸侯"。此五人"王者亲属"关系是:延陵季子是吴王寿梦之子,孟尝君是田齐桓公之孙,平原君是赵武灵王之子,信陵君是魏昭王之子,而春申君是楚怀王之子、楚顷襄王之弟,五人身份地位相等才能如此并列,春申君也才能与齐国之孟尝君、赵国之平原君、魏国之信陵君,同称为"战国四公子"。而延陵季子,因为生活在春秋时代,所以不属于战国公子。司马迁笔下排位第一的"延陵",正是春申君选择江东请封的一个重要原因。

春申君一旦选择了江东,向楚王请封,就一定要达到目的,因为他是楚怀王的儿子、楚顷襄王的弟弟、楚考烈王的叔叔,且陪伴和辅佐楚考烈王三十多年,劳苦功高,在楚国地位如其门客朱英所言"虽名相国,实楚王也",所以他对楚考烈王说:"'淮北地边齐,其事急,请以为郡便。'因并献淮北十二县,请封于江东。考烈王许之。"(《史记·春申君列传》)

三、春申君缘何选江东请封

春申君选择江东请封,窃以为原因有二:一是受虞卿"远楚"的指点;二是以行动向季子致敬。

虞卿,战国时期名士,赵国人,善于战略谋划。《战国策·楚策》中记载:"虞卿谓春申君曰:'臣闻之《春秋》,于安思危,危则虑安。今楚王之春秋高矣,而君之封地不可不早定也。为主君虑封者,莫如远楚。'"虞卿对春申君说:"我听说,居安思危,危则思安。现在楚王年老,您的封地不可不及早确定。为您着想,封地最好远离楚国。"

接着,虞卿用具体事例阐明了封地远离楚国政治中心的理由:秦孝公封公孙鞅为商君,孝公死后,商鞅就遭到杀害;秦惠王封赏冉子,惠王死后,就夺了冉子的封地。商鞅是有功的大臣,冉子是国君的姻亲,然而最后商鞅不免被杀害,冉子的封地不免被剥夺。这都是因为封地太近的缘故。

春申君接受了虞卿的观点,所以,在任楚国令尹"后十五岁,黄歇言之楚王曰:'淮北地边齐,其事急,请以为郡便。'因并献淮北十二县,请封于江东。考烈王许之。春申君因城故吴墟,以自为都邑。"(《史记·春申君列传》)封地"远楚"是虞卿的观点,但是虞卿并没有向春申君建议封地具体在哪里,选择江东为封地,是春申君自己拿的主意。

封地为何是江东而不是其他远离楚国都城的地方? 从区位看,江东是"远楚"的最好选择,江东在楚国的东部,不与其他国家接壤,尤其是远离强秦,应该是楚国的"后花园"。而且江东经过吴国的开发建设,基础很好。除了这些因素之外,还有一个人的作用也很大,这个人就是延陵,司马迁把他与"战国四公子"并称,可以说是"战国四公子"的前辈,是春申君十分敬重的人。

延陵,本指春秋时期吴国的一个城邑,在今常州、江阴等吴地沿江一带地区,是季札(季子)所居之封邑。所以,司马迁笔下的"延陵",指的是延陵季子。

季子(前576—前484),姬姓,名札,又称公子札、延陵季子、延州来季子、州来季子,是春秋时吴王寿梦第四个儿子。《春秋公羊传·吴子使札来聘》记载:"谒也,馀祭也,夷昧也,与季子同母者四。季子弱而才,兄弟皆爱之,同欲立之以为君。"吴王寿梦的儿子谒、馀祭、夷昧跟季子是一母所生的四兄弟,季子年幼而有才干,兄长们都爱他,都想立他做国君。三兄弟传位至夷昧死后,国君的位置应当属于季子了,季子却出使在外,不愿接受传位。僚是寿梦的庶长子,就即位了。季子出访回国,就把僚当作国君。阖闾说:"先君所以不传位给儿子,而传位给弟弟,都是为了季子的缘故。要是遵照先君的遗嘱呢,那么国君应该由季子来做;要是不照先君的遗嘱呢,那么我该是国君。僚怎么能做国君呢?"于是派专诸刺杀僚,而把国家交给季子。季子不接受,说:"你杀了我的国君,我受了你给予的君位,这样我变成跟你一起篡位了。你杀了我哥哥,我又杀你,这样父子兄弟相残杀,一辈子没完没了。"于是他就离开国都到了延陵,终身不入吴国宫廷。

司马迁在《史记·吴太伯世家》中记载,寿梦生前就想立季札,季札力辞,才立长子诸樊(谒)。寿梦死后,诸樊又让位于季札,"季札弃其室而耕,乃舍之"。所以,《淮南子·道应训》说:"延陵季子,吴人愿一以为王而不肯。"季札不仅品德高尚,而且是具有远见卓识的政治家和外交家,出使鲁、齐、郑、卫、晋、徐等中原国家,产生比较大的影响。《左传·襄公二十九年》记载了季子在鲁国"请观于周乐"的情景,鲁人为季子表演周乐,季子发表评论。《淮南子·主术训》说:"延陵季子听鲁乐而知殷、夏之风,论近以识远也。"司马迁在《史记》中讲述季子的故事之后,赞叹道:"延陵季子之仁心,慕义无穷,见微而知清浊。呜呼,呜呼,又何其闳览博物君子也!"(《史记·吴太伯世家》)司马迁的赞叹是有缘由的,因为季札在春秋战国人的心目中地位极高,他与孔子同时代,且年长孔子二十岁,有"南季北孔"之誉。季子死后葬在今天江苏江阴申港西南,传说碑铭"呜呼有吴延陵君子之墓"十个古篆为孔子所书。

综上所述,作为"战国四公子"之一的春申君,仰慕季子,把季子的母国选作自己的封地,不仅去凭吊、祭拜季子,还用自己的能力把季子的故土建设得更好,以此向季子致敬。

史书中没有写明春申君选择江东作为封地的理由,更不可能展示春申君这样的心路历程。但是,我们通过春申君在江东留下的遗址,就会得出这样的答案。此外,史书中还有一个隐秘的因素,让今天的我们认定春申君选择江东作为自己的封地,的确与季子有关。这个隐秘就藏在季子的称号里。

季子名札,称延陵季子,是因为他封地在延陵;称延州来季子或州来季子是因为什么?因为季子在封延陵之后又封州来,所以史称延州来季子或者州来季子。郦道元在《水经注·淮水》里写道:"淮水又北经下蔡县故城东,本州来之城也。吴季札始封延陵,后邑州来,故曰延州来矣。"

州来,这个被楚国和吴国反复争夺的小国,《左传》中多次记载,比如《左传·昭公四年》:"秋七月,楚子以诸侯伐吴。""使屈申围朱方,八月甲申,克之。"派屈申包围朱方,八月甲申这天,攻下了朱方,"冬,吴伐楚,入棘、栎、麻,以报朱方之役。楚沈尹射奔命于夏汭,箴尹宜咎城钟离,薳启彊城巢,然丹城州来。"冬季,吴国进攻楚国,进入棘地、栎地、麻地,以报复朱方这次战役。楚国的沈尹射到夏汭奔赴应命,箴尹宜咎在钟离筑城,薳启彊在巢地筑城,然丹在州来筑城。《左传·昭公十三年》记载:"吴灭州来。"《左传·昭公十九年》:"楚人城州来。"《左传·昭公二十三年》:"吴人伐州来,楚薳越帅师及诸侯之师奔命救州来。吴人御诸钟离。子瑕卒,楚师熠薳。"根据史料记载,公元前 529 年,州来被吴国占领;六年后,楚国又收回州来;

仅过了四年,吴国又夺回州来,成为季札的封地。

公元前494年,周敬王二十六年,楚军围蔡国,蔡国降楚。楚命蔡迁于江、汝之间,蔡听命。楚军还,蔡国请吴国助其东迁。周敬王二十七年(前493)冬十一月,吴国把蔡昭侯由河南新蔡迁于州来,改国名为下蔡。

州来虽然改名下蔡,但史书中"延州来季子"的称号没有改变。《左传·哀公十年》记载:"冬,楚子期伐陈。吴延州来季子救陈,谓子期曰:'二君不务德,而力争诸侯,民何罪焉? 我请退,以为子名,务德而安民。'乃还。"公元前485年冬,楚国的子期进攻陈国,吴国的延州来季子救援陈国,对子期说:"两国的国君不致力于德行,而用武力争夺诸侯,百姓有什么罪过呢? 我请求撤退,以此使您得到好名声,请您致力于德行而安定百姓。"于是子期就撤兵回国。从《左传》的记载看,"州来"随即便改名为"下蔡"了,季子的称号"延州来季子""州来季子"并没有改变。国家易帜是常事,人的称号会伴随其一生。直到清代,诗人钱澄之在《放歌,赠吴鉴在》仍有"吴生,尔是州来季子裔,我为吴越钱王孙"的诗句。

州来改为下蔡后,经历了蔡昭侯、蔡成侯、蔡声侯、蔡元侯、蔡侯齐五代,到公元前447年。"侯齐四年,楚惠王灭蔡,蔡侯齐亡,蔡遂绝祀。"(《史记·管蔡世家》),下蔡从此以后成为楚国的地盘。而此时吴国早已经被越国所灭,延州来季子的封地,一处成为越国的国土(延陵),一处成为楚国的国土(州来)。到公元前306年,楚国灭越国,延陵成为楚国江东郡管辖的地方。公元前248年,春申君请封江东,延陵在春申君的封地之内。

历史绝不会那么巧合,肯定有人为的因素。春申君请封江东是把自己的封地淮北十二县还给国家了,让国家管理,因为淮北十二县"边齐"——与齐国接壤,还是国家设郡县直接管理比较好,利于处理边界发生的紧急情况。

春申君听从虞卿"远楚"的观点重新选择自己的封地,可以推测淮北十二县的封地不仅与齐国接壤,而且离楚国的国都比较近。那个时候,楚国的国都在陈(今河南淮阳),公元前262年成为春申君封地的淮北十二县,应该离陈不远。春申君的这片封地极有可能与季子的州来封地在空间上有重合。

州来与今天的淮南市重合度较高,包括今淮河以北的凤台县、潘集区以及淮河以南的寿县一部分。当蔡国被吴国相助迁到州来之后,蔡国在这片土地上经营了四十七年。1955年,在寿县县城西门内考古发现了蔡昭侯墓。蔡昭侯就是公元前493年迁都州来的第一任蔡侯申。由此证明今天的寿县县城周围是下蔡(之前的州来)的国土,也证明州来地跨淮河两岸。

春申君的淮北十二县如果与州来有重合,那么,春申君把淮北十二县归还国家管理之后的第七年,即公元前241年,春申君把楚国国都迁到寿春,也就不突兀了。因为,此前的寿春与春申君淮北十二县相交甚至相融,都曾先后属于州来、下蔡。春申君经营淮北十二县的封地有十五年之久,在这些年里,身为楚国令尹的春申君肯定会花很大的精力建设自己的封地。说不定那个时候的寿春就已经是春申君非常看好的城市,或者说是他重点建设的城市。但史书的记载直到楚国迁都到此,寿春这座城市才突然出现在大家的视野里,让人不免从春申君的封号上猜测,寿春城的名字,或与春申君有关。

本文要说的重点是,即便现在的史书没有确凿的证据证实春申君之前淮北十二县的封地,或许就包括了州来,但如今的考古已经证实寿县便是下蔡的土地,也就是之前州来的土地。那么,作为楚国国都的寿春就曾是季子的封地,而把都城迁到寿春、府邸建在寿春、新封地又在江东的春申君,几年来的"操作"不是在沿着季子的遗迹,致敬季子吗?从春申君在江东封地留下来的遗迹,更能证明这一点。

四、春申君在江东的建设遗迹

江东作为春申君的封地,从《史记》记载看,只有十一年时间。这十一年间,他在江东留下不少遗迹,被《越绝书》记载下来。

"毗陵,故为延陵,吴季子所居。"《越绝书》卷二《吴地传第三》中记载了季子住的地方,即他的延陵封地。毗陵是汉朝对延陵的称呼。东晋时期,改为晋陵,隋废晋陵为常州,延陵古地属于今天的常州。

"毗陵上湖中冢者,延陵季子冢也,去县七十里。"毗陵的上湖,是指无锡湖的西北部,延陵季子的墓就在无锡湖西北部的边上。

《太平寰宇记》载:"季子墓在晋陵县北七十里申浦之西。"季子墓坐落在今天江阴的申港镇。无论是"申浦"还是"申港",都让人联想到春申君。事实上,环无锡湖的治理的确是春申君领导江东人民干的一件比较大的工程。

《越绝书》卷二《吴地传第三》说:"无锡湖,周万五千顷。其一千三顷,毗陵上湖也。去县五十里。一名射贵湖。"无锡湖有一万五千顷,其中一千零三顷是毗陵上湖。无锡湖距离吴县五十里,又叫射贵湖。

无锡湖是江东当时仅次于太湖的第二大湖泊。中华书局 2020 年出版的张仲清译注《越绝书》,对无锡湖的注释为:"无锡湖:又名芙蓉湖、射贵湖。在今江苏无锡、常州和江阴之间,周围一万五千顷。北宋后渐淤,明代围为田。"

对季子陵墓所葬之处的无锡湖周边,春申君花了大力气进行治理。《越绝书》卷二《吴地传第三》记载:"无锡湖者,春申君治以为陂,凿语昭渎以东到大田。田名胥卑。凿胥卑下以南注大湖,以写西野。"对有一万五千顷之大的无锡湖,春申君主持修建了沿湖的堤岸,又开凿了语昭渎一直向东延伸

无锡湖

到大田,大田叫胥卑,从胥卑大田开挖了一条通向南边太湖的水沟,来排泄吴县西郊的积水。

难怪今天的人们要把上海等地的古代水利工程都联系到春申君身上,原来是有真实的原型。公元前 248 年,江东成为春申君的封地后,他便着手治理离吴县比较近的江东第二大湖——无锡湖。因为无锡湖西北是季子的封地和季子所葬之处,所以,把这里治理好,让先贤后裔和故里更加美好,是春申君向季子致敬的一种最好的方式。

那么大的无锡湖,利用好这个资源,解决好旱涝灾害问题,让江东成为鱼米之乡,这需要深谋远虑的头脑和认真精细的工作。在无锡湖周边修堤岸,能让季子沉睡在鸟语花香之地;开凿水渠和大沟,让周围的农田有水灌溉、城市村庄的积水能够排泄。如果不是一名高瞻远瞩的政治家,如果不是一名真正热爱这片土地的人,是不会花这样大的功夫进行水利建设的。在古代,具备治水的能力,就一定会成为一个政治家,《淮南子·人间训》说:"孙叔敖决期思之水,而灌雩娄之野,庄王知其可以为令尹。"因为《淮南子》

认为："圣人行之于小,则可以覆大矣;审之于近,则可以怀远矣。"善于治水的人,就能够"覆大""怀远"。

《越绝书》还记载:"无锡历山,春申君时盛祠以牛。"张仲清译注的《越绝书》注释为:"历山:又名舜山。今名舜柯山。在今江苏无锡西。"无锡市的历山,春申君的时候,用牛作为祭品隆重地祭祀虞舜。

《史记·吴太伯世家》记载的"季札弃其室而耕",其耕地相传就在舜山;《越绝书》记载的春申君在历山(舜山)的活动,两人在空间上重叠。而且,为了方便来历山(舜山),春申君修建了一条龙尾陵道:"无锡西龙尾陵道者,春申君初封吴所造也。"这条龙尾山道,一直通到吴县北郊。

汉朝时的吴县,曾是吴国都城,"春申君因城故吴墟,以自为都邑"(《史记·春申君列传》)。春申君在江东就以吴国旧都为基础,进行了新的建设。《越绝书》卷二《吴地传第三》具体记载:"吴两仓,春申君所造。西仓名曰均输,东仓周一里八步。后烧。"吴城有两座粮仓,是春申君建造的。西仓叫均输,东仓周长一里八步,后来被烧毁。

"吴市者,春申君所造,阙两城以为市。在湖里。"吴城里的大市场,是春申君建造的。当时春申君将两小城之间的空地辟作市场,地点在湖里。

"吴诸里大闲,春申君所造。"吴城里的里巷门都是春申君建造的。

"吴狱庭,周三里,春申君时造。"吴城里的监狱,周围三里,是春申君建造的。

"土山者,春申君时治以为贵人冢次,去县十六里。"土山,是春申君用来修造贵人墓穴的。

"楚门,春申君所造。楚人从之,故为楚门。"楚门是春申君建造的。春申君被封江东之后,很多楚人跟随他来到这里,建造楚门作纪念。

"路丘大冢,春申君客冢。不立,以道终之。去县十里。"路丘大墓,是春申君门客的墓,没有立碑,把道路修到墓前,距离吴城十里。

从以上记载可以看出，春申君在吴城建造的都是城市基础设施、重要机构和方便人民生活的场所，另外还记载了春申君门客的陵墓。《史记》记载春申君与孟尝君、平原君、信陵君，"方争下士，招致宾客"，有门客三千。这些门客有的跟随春申君来到新封地，最后也葬在这里。从春申君为其门客修建的陵墓看，春申君给予他们"厚养厚葬"的待遇。

《越绝书》还记载了在江东的春申君宫殿："今太守舍者，春申君所造，后殿屋以为桃夏宫。"汉朝当时太守住的房子，是春申君建造的，把后殿称作桃夏宫。

"今宫者，春申君子假君宫也。前殿屋盖地东西十七丈五尺，南北十五丈七尺。堂高四丈，十霤高丈八尺。殿屋盖地东西十五丈，南北十丈二尺七寸。户霤高丈二尺。库东乡屋南北四十丈八尺，上下户各二。南乡屋东西六十四丈四尺，上户四，下户三。西乡屋南北四十二丈九尺，上户三，下户二。凡百四十九丈一尺。檐高五丈二尺。霤高二丈九尺。周一里二百四十一步。春申君所造。"汉朝当时称为宫殿的，是春申君儿子暂时代理春申君治理吴地的宫殿。

这个宫殿司马迁应该是看到过的，《史记·春申君列传》的最后写道："太史公曰：'吾适楚，观春申君故城，宫室盛矣哉！'"司马迁说：我到楚地，观览了春申君的旧城，宫室建筑十分宏伟啊！

春申君的结局令人唏嘘，《史记·春申君列传》记载："楚考烈王卒，李园果先入，伏死士于棘门之内。春申君入棘门，园死士侠刺春申君，斩其头，投之棘门外。于是遂使吏尽灭春申君之家。"一代楚相、战国名公子，就这样被李园杀害在寿春。千年过后，唐朝著名诗人杜牧回想这段历史时，曾写下了《春申君》这首诗："烈士思酬国士恩，春申谁与快冤魂。三千宾客总珠履，欲使何人杀李园。"

春申君在寿春被害，因此后人推测他很有可能就埋葬在寿春附近。《越绝书》说:"寿春东凫陵亢者,古诸侯所葬也。"这个方位正是在淮南市谢家集境内,20世纪30年代在这里曾发现并挖掘出楚幽王墓。楚幽王是考烈王之子,李园杀害春申君后成为楚相,辅佐的就是楚幽王。在今淮南市谢家集境内还有一座古墓,相传为春申君墓,周围建有春申君陵园。

当今许多人都对春申君的"移花接木"之事津津乐道,这个"八卦"虽然源自司马迁,但与史实不符。我们应该记住春申君的是他对国家、社会和人民做的有益之事,比如建设江东,《史记·货殖列传》说:"夫吴自阖庐、春申、王濞三人招致天下之喜游子弟,东有海盐之饶,章山之铜,三江、五湖之利,亦江东一都会也。"吴地的发展,春申君的功劳不可磨灭。

《史记·货殖列传》还说:"郢之后徙寿春,亦一都会也。"寿春成为楚国国都同样有楚国令尹春申君的功劳。

两千多年后的今天,吴地的发展较快,曾经也是"一都会"的寿春却发展相对缓慢,今天的淮南和寿县要沿着当年春申君的足迹,拥抱长三角、融入长三角,如同当年春申君要用行动致敬季子一样,今天的我们要用行动致敬春申君,把春申君生前死后所在地淮南市寿县,努力建设成为当今的"一都会"。

(作者系中国作家协会会员,安徽省淮南市作家协会主席,安徽省《淮南子》研究会副会长)

春申君在江东的历史活动及影响

马育良

"春申君与江东古史的构建",是区域历史文化中具有一定研究价值且具话题性的课题。人类总是在想象回溯中不断地确定自我,建构自身的历史。对于从先秦群雄并立转型为秦汉一统帝国时期的中华先民来说,更是如此。因为那时的国人,尤其容易遭遇的困境是身份的迷失,人们不能清晰地说出自己是谁,这带来了一个后果,即人们难以有效地识别并锁定自己的目标,以至于在转型过程中出现各种歧出之事。学者认为,对于一个国家或地区来说,"我是谁"这个问题,并不像初看上去那样清晰,它需要基于一种共同体意识的建构,需要通过一种历史哲学的叙事才能够获得表达。春申君黄歇在古代江东的历史活动及其历史评价就属于这样的情况。

一、春申君改封江东

战国晚期,楚国政治家春申君黄歇初封淮北十二县时,开始营建寿春城。在春申君的影响下,楚国最终迁都寿春,寿春因此成为晚楚时期政治、经济、文化中心。春申君改封江东后,又在今无锡、苏州、上海、湖州一带,实现了比较真实有效的治理,促进了晚楚文化的东渐。江东,先秦时期包括今安徽东南境即芜湖以下长江下游南岸及苏南一带,原为吴地。

史载,春申君一生曾接受楚国封地一次、改封一次。这两件事,《史记·春申君列传》是这样记述的:"考烈王元年,以黄歇为相,封为春申君,赐淮北地十二县。后十五岁,黄歇言之楚王曰:'淮北地边齐,其事急,请以为郡便。'因并献淮北十二县,请封于江东。考烈王许之。春申君因城故吴墟,以自为都邑。"这是个献出初封之地、请求改封新地并获得新封之地的过程,但这一记载有疏简之处,与《史记》卷四十《楚世家》称楚考烈王元年(前262)"以左徒为令尹,封以吴,号春申君"一说,也互不相合。

《战国策·楚策四》记述,考烈王初年,赵国上卿虞卿在一次外交活动之余,曾与春申君有一次会晤。虞卿告诫春申君:"臣闻之《春秋》,于安思危,危则虑安。今楚王春秋高矣,而君之封地,不可不早定也。为主君虑封者,莫如远楚。"在马王堆帛书《战国纵横家书》中,也有大体相同的记载。

春申塘(莘庄镇)

虞卿此人见《史记》卷七十六《平原君虞卿列传》，"太史公曰：'虞卿料事揣情，为赵画策，何其工也！'"其不得意后，曾著《虞氏春秋》。

我一直认为，虞卿的这番告诫是促使春申君献出初封淮北十二县地，以及后来要求改封吴地的主要原因。或许虞卿的这个理由并不高尚，但对春申君来说，它无疑是一种合乎理性的选择。

以上述《战国策·楚策四》和马王堆帛书《战国纵横家书》的材料，比对《春申君列传》的相关说法，笔者曾在《州来、下蔡与寿春》（刊于《文史知识》2000 年第 6 期）一文中提出以下看法："我认为春申封淮应在考烈王八年（前 255）或稍后"，"可能就在鲁地为春申君占领后，考烈王便将淮河以北直至齐国边界的土地封给了春申君"。

关于春申君改封吴地和就封之事，《史记·楚世家》和《史记·春申君列传》的不同之处已见前文。参考上文"春申君封于淮是在公元前 255 年至前 241 年间"的判定，可以确定，春申君改封吴地和就封最早应发生在楚考烈王八年之后，最晚不应迟于楚国徙都寿春之时。

从上引《史记·春申君列传》文字看，当时已称春申君改封之地为"江东"，而在《史记·楚世家》中则称"吴"地，在平势隆郎《从城市国家到中华殷周春秋战国》中则称"吴越之地"。

二、春申君治理江东期间的历史活动

从春申君在楚国的执政实践看，以公元前 241 年春申君"用事"于合纵之举的失败为界，此前，春申君对于楚国的存续和发展是起了主要作用的；此后，由于外界的形势所限，以及其个人的原因，春申君主导的楚政逐渐陷于困顿。但与此同时，春申君在吴地的治理却取得了成效和进展。

（一）春申君使楚对江东的经略走上了正轨

楚人的东进，始于公元前656年"召陵之盟"后。此后由于吴国的兴起，东进受挫。在公元前506年吴人入郢后，楚基本上退出了江淮地区。公元前473年越灭吴后，楚于公元前447年重返淮河流域。公元前333年（一说公元前329年），楚威王败越，占据了整个淮南之地，楚境东达海疆。同时，楚在江南也推进到江东西境。公元前306年，楚又进一步攻占江东东境，故吴旧地尽为楚有，并设郡江东。

但这时楚国主要还是以军事占领为主。其实楚败越后，越国的大本营虽然被纳入楚国的统治之下，但是叛乱仍连年不断。另外，旧越一部分势力还在山东琅琊（今山东胶南南）形成了一个新的"越国"。史载，春秋末勾践北上称霸时，就将越国都城迁到了琅琊。进入战国，越势渐衰，越王翳又将都城迁回吴地，但在琅琊还留下了一些越国旧人，后来形成了一个新的政权。据《史记》卷十五《六国年表》记载：公元前255年，楚"取鲁，鲁君封于莒"；公元前249年，"楚灭鲁，顷公迁卞，为家人，绝祀"。楚国在春申君灭鲁期间，顺手牵羊，把山东琅琊的越国也赶下了历史舞台。此后，原吴越之地才算逐步平静，春申君由此而"实现了楚在江东东境真正的政治统治和社会治理"（马育良《春申君、楚寿春城与晚楚文化的东渐》，《皖西学院学报》2010年第6期，第26页）。

（二）春申君治理江东期间的历史活动

春申君改封吴地后的历史活动，在《史记·春申君列传》中着笔极少，仅记述春申君初封江东，"因城故吴墟，以自为都邑"。据中华书局1975年版《史记》引唐张守节《正义》释"故吴墟"："（阖闾）今苏州也。（阖闾）于城内小城西北别筑城居之，今坛毁也。又大内北渎，四从五横，至今犹存，又改破楚门为昌门。"按，中华书局1975年版《史记》卷末附《史记点校后记》："一向用作夹注号的圆括弧和方括弧，我们只用在应该删去和应该补上的字号上。"

但《后汉书·志》第二十二《郡国四·吴郡·无锡侯国》南朝梁刘昭注却称:"《史记》曰:'春申君城故吴墟,以自为都邑。'城在无锡。"

读《史记》卷三十一《吴太伯世家》"吴太伯"张守节《正义》:"吴,国号也。太伯居梅里,在常州无锡县东南六十里。至十九世孙寿梦居之,号句吴。寿梦卒,诸樊南徙吴。至二十一代孙光,使子胥筑阖闾城都之,今苏州也。""诸樊南徙吴",应据《世本》"诸樊徙吴"而来。此应为张守节把春申君"因城故吴墟"之"故吴墟"理解为"今苏州"的缘由。

准此,对于《史记》所谓"春申君因城故吴墟,以自为都邑"一说,今人需要根据新的考古发现,做出相应的调整。但至少,司马迁在《春中君列传》篇末"太史公曰"中说:"吾适楚,观春申君故城,宫室甚矣哉!"说明他曾到江东春申君故地,亲眼见到了"自为都邑"的"春申君故城"。此言凿凿,应非无中生有。

拟作古人之想,无锡一带是古吴最初立国之基,太伯又在此享受到"荆蛮义之,从而归之千余家"(《史记》卷三十一《吴太伯世家》)的欢欣。虽然自第二十代吴王诸樊起,吴移都今苏州一带,有过阖闾、夫差短时期的强盛,但迅即为越所灭,新吴都终成后人触痛神经之地。此种历史记忆,也容易让春申君选择无锡"句吴"旧地而"自为都邑"。

春申君在江东的活动,更多见于《越绝书》及各地旧志。"《越绝书》,东汉袁康、吴平辑录,上距春申君活动时期岁不久远。"

在《越绝书》中,记述了一些春申君在今日无锡和苏州及以东、以南一带开凿、疏通港浦河渠的简况,称春申君治理江东期间,曾在无锡立塘治湖,围田富民。如《越绝书》卷二《吴地传第三》:"无锡历山,春申君时盛祠以牛,立无锡塘。去吴百二十里。"称春申君曾在无锡历山这个地方开凿了无锡塘。"无锡湖者,春申君治以为陂,凿语昭渎以东到大田。田名胥卑。"春申君还将无锡湖修治为湖塘,又开凿了语昭渎,引水向东灌溉胥卑大田。复"凿胥卑下以南注大湖,以写(马育良按:今'泻'字)西野。去县三十五里"。又从胥卑引水向南流入太湖,并灌溉西郊的田地。

苏州春申湖公园

可以理解的是,上述水利工程一般都聚拢在春申君"都邑"周边,这样便于利用和管理。

同书《吴地传第三》记述:"无锡西龙尾陵道者,春申君初封吴所造也。属于无锡县,以奏吴北野胥主嶭。"说春申君初封江东时,在无锡西境专门修凿了一条龙尾山道,通往胥主嶭。又称:"今太守舍者,春申君所造。"此指东汉初年太守的官舍,也是春申君原先所造建筑,官舍"后殿屋以为桃夏宫"。按:"汉代官员上自丞相,下至吏胥,公务居处一般称'舍'。""地方官及属吏设有专居之舍。"(参见马育良《汉代"百官所聚"之"府"》,《古代文明》2008年第3期,第56页)"今宫者,春申君子假君宫也。……春申君所造。"此处"宫"者,指原"春申君子假君"及后来东汉太守的官署。《吴地传第三》:"吴狱庭,周三里,春申君时造。""狱庭",指牢狱、监牢。

特别是《吴地传第三》所载："吴两仓，春申君所造。西仓名曰均输，东仓周一里八步。后烧。更始五年，太守李君治东仓为属县屋，不成。"这里提到春申君曾造"两仓"，其中"西仓"取名"均输"。俞越曾在《读越绝书》中据此指出："汉桑宏（弘）羊置均输以通货物，《汉书·百官表》大司农属官有均输令，其名盖战国时已有，汉循用之也。"所谓"汉桑宏（弘）羊置均输"，是指汉武帝于元封元年（前110）任命桑弘羊为治粟都尉兼大司农，掌管国家财政，实行盐铁、铸钱国营。此后，他提出在地方县设置均输官、中央设置平准官的方案。顾名思义，"均输"旨在实现物资流通的平衡，"平准"旨在实现物价的稳定。在发生地域性饥荒或灾害时，"均输"居中保障物资的平衡流通，以防由于流通问题，造成商人低买高卖式的投机获利。实行这种政策，也包含着实现由政府直接经营运输和贸易的目的。

甚至涉及公共生活之种种场所，春申君也能多予建设，如"吴市者，春申君所造，阙两城以为市。在湖里"。"市"，指集市。春申君将湖里这个地方两座小城的观阙连接起来，形成集市。"吴诸里大闬，春申君所造。""里"，指城市中的里巷。"闬"，指门。"土山者，春申君时治以为贵人冢次，去县十六里。"春申君时，专门在郊外掘土为山，作为贵人墓地。"楚门，春申君所造。楚人从之，故为楚门。""楚门"，因为是春申君和追随他的楚人建造的，所以如此取名（详见《越绝书》卷二《吴地传第三》）。

《后汉书·郡国志·吴郡》"安"（钱大昕认为"安"系"娄"之误）县下注引《越绝书》："有西岑冢，越王孙开所立，以备春申君使其子守之，子死遂葬城中。""西岑冢"，或称"西岑城"，位于昆山境内。

今浙江湖州南十二点五公里处有下菰城遗址。20世纪80年代初，经浙江省文物考古研究所劳伯敏实地考察确认，此城始建于西周或春秋时期，为吴国属邑，"战国晚期归于楚，春申君黄歇在此设菰城县"（参见曲英杰《古代城市》，文物出版社2003年版，第107页）。

《越绝书》卷二《吴地传第三》又载:"胥女南小蜀山,春申君客卫公子冢也,去县三十五里。""白石山,故为胥女山,春申君初封吴,过,更名为白石。去县四十里。""路丘大冢,春申君客冢。不立,以道终之。去县十里。"这些记述涉及春申君及其门客的行迹。语中"不立,以道终之",是说春申君虽然不是国君,但门客们仍始终以正道辅佐他。

1992年,苏州浒墅关镇西北小真山发现楚墓群,约有五十七座古墓。出土文物中有铜印一枚,印文为"上相邦玺",或以为墓主为春申君。但让我疑虑的是,先秦楚人一般称辅助国君执政者为"令尹",春申君在楚受任,《史记》卷四十《楚世家》记载得很清楚:"顷襄王卒,太子熊元代立,是为考烈王。考烈王以左徒为令尹,封以吴,号春申君。"此后他一直担任这个职位。"上相邦玺"这样的印文不适合他,特别是那个秦以后才开始使用的"玺"字。关于楚之"令尹",杨宽在《战国史》第六章《封建国家的机构及其重要制度》(上海人民出版社1980年第2版,第205页)中的辨析十分清楚,可作参考。明初著名诗人高启曾在《惠山春申君庙》一诗中赋道:"封君开巨壤,相楚服强邻。"对于春申君的开发江东之功,"封君开巨壤"一语足矣。

根据史籍资料,春申君被害后,楚国再无封君江东东境的记载。

《越绝书》中还提到黄歇曾以其子作为假君代其治吴的说法。其《吴地传第三》载:"春申君,楚考烈王相也。烈王死,幽王立,封春申君于吴。三年,幽王征春申为令尹,春申君自使其子为假君治吴。十一年,幽王征假君,与春申君并杀之。二君治吴凡十四年。后十六年,秦始皇并楚,百越叛去,更名大越为山阴也。春申君姓黄,名歇。""今宫者,春申君子假君宫也。""巫门外罘罳者,春申君去吴,假君所思处也。去县二十三里。"这些说法,与《史记·春申君列传》虽颇有不合,但吾人仍可以认为,"假君"说是有一定参考价值的。

回首这一切,可以这样说,春申君是先秦时期有功于江东尤其江东东境的开发和发展的最后一位著名历史人物。

(三)春申君治理江东的影响

作为一位历史人物,春申君的历史活动及其产生的影响,构成了一种相互映带的关系。

1. 地名文化的反映。

从现存的历史资料看,江东东境的无锡、江阴、常州、苏州、上海、湖州、吴兴等地区,与楚文化东渐的历史轨迹可以接上头的多始于春申君改封吴地,所以这里有很多地方以春申君的姓氏或名号为山、水和地点命名。从1931年商务印书馆香港分馆出版的《中国古今地名大辞典》(臧励龢等编纂)、1985年上海辞书出版社出版的《中国历史文化名城词典》、1988年商务印书馆出版的修订本《辞源》中检索,至少有以下地方、水域的获名或曾用名、别名,与春申君封吴治吴史事相关。如臧励龢等编纂的《中国古今地名大辞典》有"申江"、"申浦"("申港")、"申浦镇"、"春申江"、"春申涧"("黄公涧")、"春申庙"、"春申里"、"菰城"、"黄埔"("黄歇浦""大黄浦")、"黄堂"等;《中国历史文化名城词典》有"春申君庙"等;《辞源》有"春申江"、"黄浦"与"春申浦"、"黄歇浦"、"大黄浦"、"黄浦江"、"申浦"、"申港"和上海的别称"申"等。

2. 祭祀文化的反映。

无锡、苏州及松江一带,历史上有颇多祭祀春申君的民俗事项。

唐代诗人张继有《春申君祠》:"春申祠宇空山里,古柏阴阴石泉水。日暮江南无主人,弥令过客思公子。……"诗句透露他曾在某日傍晚,前往江南山中踏访此地的春申君祠。

唐代文学家皮日休曾为《春申君碑》作铭,称:"春申之道复何如哉?忧荆不胜,以身市奇计,不曰忠乎?荆太子既去,歇孤在秦,其俟刑待祸,若自屠以当馁虎,不曰烈乎?"

从前文引明初高启赋诗《惠山春申君庙》可以看出,古代无锡惠山建有春申君庙。苏州古有尊崇春申君的民俗事项。宋代之前,苏州的城隍就是春申君。苏州有黄埭春申君庙,旧时庙内设古戏台,苏州市民每年都要在古戏台向春申君献戏,当地称这一习俗为"酬神"。

松江也有祭奠春申君的活动。

3. 地方传说的反映。

今日苏沪的松江一带,先秦时曾是吴越争战之地。春申君所封吴地,即包括松江一带。春申君对此地的影响在历代松江的史籍和民间传说中多有反映,它们主要由文献、地名、祠堂以及传说故事所构成。其中民间传说部分,包括了春申君游猎于松江西北山林、治理吴淞江和黄浦江以及他作为土地神保佑一方平安的故事。虽然黄浦江的形成未必与春申君有关,但结合文献,我们大体上还是可以认为春申君松江传说中的一部分内容,确实反映了战国时代松江的相关历史,其中有部分传说是可以与历史相互印证的。近年,上海松江区新桥(春申村)新建了春申君祠,祠堂正厅供奉春申君像,并常有祭祀活动。

关于春申君与江东治理的话题,传统记诵中保留的正史话语和民间话语,呈现给我们的历史记忆并不完全一致。一般来说,旧志和民间传说中的历史记忆要丰富得多。这种所谓"大传统"和"小传统"的话语区别,应是各种人类文化史中常见的现象,今人实际上可以尝试如何从人类学等角度给予理解。譬如由春申君封吴而带来的晚楚文化的东渐历史,有没有在秦汉以后经历了一个被"大传统"或"精英文化"话语系统汰滤和整理的过程?类似的,如令今人震撼的三星堆、金沙文化等,至少在《史记》提供给我们的古史系统中了无信息。而从司马迁在《太史公自序》中自述其曾"整齐百家杂语"的表述中可以看出,对于多种历史陈述的汰滤和整理,他确实是做过的。而如果晚楚文化东渐的历史确有被汰滤和整理的情况,那么对于保存在"小传统"或"通俗文化"话语系统中的此类历史记忆,今人该如何给出恰当的解读? 这让我想起电影《赤壁》中那位既是皖人、也是东吴统帅的周瑜,在看到刘备编织草鞋时,蹦出的那句沉甸甸的感悟——这么脆弱易折的小草,编织以后,却能那么坚韧——坦率地说,我们不觉得应该带着这份默契,来看待"小传统"或"通俗文化"的历史叙事吗?

4. 春申君时期的文化影响

春申君在其执政期间的历史活动,客观上推进了楚文化的东渐,又对后面的汉代文化形成了一定的影响。

日本著名中国史学家内藤湖南在《中国史通论(下)》中提出,通过春申君的历史活动,实现了当时文化中心的转移。在他看来,战国初期的文化中心是受到儒家子夏影响的魏国。第二波的文化中心是齐威王、宣王时的齐国稷下。实质上,稷下"聚学"很大程度上是儒家荀子"三为祭酒"等活动带来的效应(《史记》卷七十四《孟子荀卿列传》)。而继稷下而起的第三波文化中心,则转移到楚春申君的所在之地——原吴国。内藤湖南胪列这种转移的几种表征:如荀子受到春申君的感召,来到楚国,并出任兰陵令;如以《楚辞》为中心的时代是屈原、宋玉时期,但"楚文化的昌盛,莫如说是在春申君时代。从荀子也作赋这点来看,《楚辞》的编纂也许正是在这一时代"。而战国时期最后一波文化的中心,则为吕不韦聚学者而著述的秦国。

如就对此后汉代文化的影响而言,则莫过于"盛行于楚的辞赋"对文学的影响,以及"多所继承"《吕氏春秋》的风格,而在故楚都寿春著成的《淮南子》及其思想影响。这既体现了"文化最终昌盛之国的特点",又"反映了文化发展上的一种必然趋势,即中原以外的秦楚文化对汉代产生了很大的影响"(内藤湖南《中国史通论(上)》)。

三、春申君一生的启示

（一）春申君黄歇其人其事

黄歇（约前314—前238），战国楚黄（今河南潢川）人，封号春申君，"战国四公子"之一。公元前278年，秦破楚郢，顷襄王退据淮阳。公元前273年，秦、韩、魏谋伐楚，黄歇以左徒身份使秦，上书秦王劝其改行"善楚"政策，楚获喘息机会。楚考烈王在位期间，黄歇为令尹，长期主政。他以礼贤下士闻于诸侯，门客达三千，"其上客皆蹑珠履"。此间爆发长平大战，赵国危急。平原君使楚，"毛遂自荐"，逼使楚王遣黄歇、景阳率军赴援；信陵君使魏姬"窃符救赵"，秦终退败。黄歇乘机灭鲁，荀卿被其任为兰陵令。"当是时，楚复强"。但此后黄歇主持的五国合纵攻秦之举遭到失败。他接受门客朱英之议，主导公元前241年楚迁都寿春之事，并"命曰郢"。他改封吴地期间，真正实现了楚对江东地区的治理，推进了晚楚文化的东渐。楚考烈王病死后，春申君遭李园伏士击杀。黄歇于楚国盛衰的影响，时人已有争议，后世评价更显歧异，明人高启《惠山春申君庙》赞道："封君开巨壤，相楚服强邻。"清人明作哲《春申公怀古》也有赞："客倾珠履三千盛，势压秦关百二雄。"至于黄歇之子为楚幽王之事，钱穆认为，此与吕不韦子为秦始皇政一样，"殆均出好事者为之，无足信者"（《先秦诸子系年考辨》卷四）。

黄歇事见《史记》卷七十八《春申君列传》。

（二）春申君相关史事的启示

1.公元前273年，春申君通过"上书说秦昭王"，拆散了即将形成的秦、魏、韩共谋攻楚的联盟，并转而使秦"善楚"。他担任楚令尹后，通过努力经营内外事务，促使"楚益弱"逐步走向"楚复强"。改封江东后，使楚实现了对江东的真正治理。这展现了春申君作为"战国四公子"之一、战国后期重要政治家的政治谋略、能力和努力。

2. 春申君在人生的上升途中，于公元前 259 年幸会赵国名臣虞卿，二人进行了一次极具智慧的深谈。春申君接受了虞卿的忠告，知有所"止"，选择"远楚"。这才有了后来经营寿春、治理江东的历史机遇。

3. 从春秋进入战国，古代中国政治逐渐出现了"弃礼义""尚诈力"的变化。宋人司马光著《资治通鉴》，开篇《周纪一》就从魏、赵、韩三家分晋入手，写了一篇极其重要的史论文字，揭示从三家分晋开始，历史呈现的是一种似乎不可阻遏的礼仪崩塌的趋势。明清之际，顾炎武则从六个方面陈述战国时期政治及社会生活方面的伦理失序、道德沦丧，其中第一条就是"春秋时犹尊礼重信，而七国则绝不言礼与信矣"。

如果说战国时期还有些许亮光，那么我们首先得承认的是这个时期的一批思想家如孟子、荀子、庄子等人提出的杰出思想。其次则是以"四公子"为代表的相关历史活动。

西汉贾谊在《过秦论》中首度提出："当此之时，齐有孟尝，赵有平原，楚有春申，魏有信陵。此四君者，皆明智而忠信，宽厚而爱人，尊贤重士，约从（纵）离衡，兼韩、魏、燕、赵、宋、卫、中山之众。"

日本中国史学家平势隆郎在其关于"四公子"的讨论中，提出了一个关键词——"信义"。当然，现在看起来，"信义"在"四公子"那里的表现也是各有差异的。但从另一方面着眼，我曾提出，"信义"这个话题，对于"四公子"中的春申君来说，可能最不轻松。

因为"四公子"中，只有黄歇不属楚国王族。他只能凭借"辩"与政治才干，加上信义，才能获得君主认可，为楚国服务。时人范雎就曾称赞他："歇为人臣，出身以徇其主。"

春申君的结局是一出悲剧。但他注重信义的一面还是留下了很好的影响，如前引《越绝书》卷二《吴地传第三》曾记述这样一件事："路丘大冢，春申君客冢。不立,以道终之。去县十里。"此处"不立,以道终之",是说春申君虽然不是君主,但门客们仍持守信义,以正道辅佐他。

当然,作为一个"人",春申君不可能完美无瑕。2019 年,我在上海首届春申君论坛上曾说过,春申君没有重视杰出谋略家、门客朱英的警告,没有警觉到迫在眉睫的李园阴谋,也不愿对李园的阴谋采取有效的行动,"深层的缘由皆为不愿因为自己而引发政变"。但这两年,我再度对我的说法进行思考,觉得我似乎有些高估了春申君,反而逐渐认识到太史公对这件事的评判——"当断不断,反受其乱",更加可信。这源自我近年来对司马迁前无古人、后无来者的史学宗旨"究天人之际,通古今之变,成一家之言"的重新解读和感悟。

后人评春申君黄歇者褒贬不一,《史记》卷七十八《春申君列传》云:"太史公曰:吾适楚,观春申君故城,宫室盛矣哉!初,春申君之说秦昭王,及出身遣楚太子归,何其智之明也!后制于李园,旄矣。语曰:'当断不断,反受其乱。'春申君失朱英之谓邪?"

《史记》卷一百三十《太史公自序》云:"以身徇君,遂脱强秦,使驰说之士南乡走楚者,黄歇之义。作《春申君列传》第十八。"

唐司马贞《史记索隐述赞》云:"黄歇辩智,权略秦、楚。太子获归,身作宰辅。珠炫赵客,邑开吴土。烈王寡胤,李园献女。无妄成灾,朱英徒语。"

元儒许衡甚至说:"战国之四君,其可称者,唯一春申耳。至如孟尝、平原、信陵三子,乃尸位素餐者也。"

(本文选自上海安徽经济文化促进会寿县分会编印的《春申君论坛文集(第二辑)》。作者系皖西学院教授,中国先秦史学会会员)

楚风东渐下菰城

谢占强

"下菰长烟"是湖州古代"吴兴八景"之一。"吴兴八景"是指湖城近郊周边的八处游览胜地——道场晓霁、苍弁清秋、西塞晚渔、下菰长烟、龙洞云归、衡山暮岚、南湖雨意、金盖出云。关于"吴兴八景"的记载,最早见于明成化十一年(1475)《湖州府志》第二十二卷《诗文卷》,收录了张羽、丘吉、杜庠的三组"吴兴八景"诗。明万历四年(1576)《湖州府志》第二卷《山川卷》,收录了张羽"吴兴八景"诗。清康熙十九年(1680)《乌程县志》第三卷《山川志》,收录了张羽、韩纯玉的两组"吴兴八景"诗,并附有《吴兴八景图》。"下菰"是指湖州城南的先秦古城遗址下菰城。据史籍和地方志,此处是战国晚期楚春申君黄歇江东封邑菰城县县治所在地。至于"长烟",据明郑明选《游下菰城记》,下菰城"四面累土如山,其内松树千章,寻至一亭,曰长烟亭"。

下菰城自古就是湖州城南一处访古游览胜地,南宋姜夔游历于此,其《下孤城》诗称:"人家多住竹篱中,杨柳疏疏尚带风。记得下孤城下路,白云依旧两三篷。"竹林掩映,杨柳扶疏,其中隐含无限思古之幽情。而南宋苏泂《苕溪杂兴》(其一)是纯粹写景抒情,其诗云:"斜风细雨转船头,夜半波平带月流。行到下菰城畔望,水晶宫阙是湖州。"

文人墨客或远望,或登临,或途经下菰城,都会铺究前史,吟咏抒怀。下菰城及其建造者春申君,一直是诗人们在湖州怀古的主要抒写对象。"吴兴八景"诗以元末明初的张羽最佳,影响力也最大。张羽在明初与高启、杨基、徐贲并称"吴中四杰"。元至正二十四年(1364),张羽与徐贲相约卜居吴兴,领乡荐,为安定书院山长。张羽《下菰长烟》诗云:"坡陀废垒青山侧,至今传是春申宅。三千剑客化为尘,蔓草荒烟但萧瑟。停舟吊古望眼迷,平沙漠漠斜阳低。荒凉茅屋樵径小,惟有古木寒鸦啼。"张羽还有一首《下菰城》诗则云:"迢迢下菰城,乃在衡山址。卜筑自何人,云是楚公子。连峰负崇墉,重皞抱溪水。得非蒸土成,讵乃久不圮。"

丘吉,湖州归安人,明永宣时期号为湖州诗人领袖,性澹约朴素,游眺吴越山水间,飘然远俗。其《下菰长烟》诗云:"千载春申有故城,城头烟气日冥冥。远连春雾千山紫,近合秋云万树青。杨柳池塘迷翡翠,菰蒲洲渚困蜻蜓。英雄一去荒山在,珠履无踪草满坰。"杜庠,苏州人,景泰五年(1454)进士,自负才高,不得志,弃官游历于江湖间,自称"西湖醉老"。其《下菰长烟》诗云:"古城废堞倚荒丘,道是春申故宅留。幻态千年兴废事,寒阴一抹古今愁。飞鸦隐隐长疑暮,蔓草茫茫总是秋。怅望英雄何处去,青山依旧在湖州。"韩纯玉是明万历三十八年(1610)状元韩敬之子,明末清初湖州归安人,不求仕进,工诗词。他的《下菰长烟》诗云:"当年黄歇远侵吴,故垒犹存在下菰。不见旌旗屯旷野,但看烟霭接平芜。溪山罨画疑仙窟,泽国苍茫隐霸图。到此寻幽还吊古,漫将遗迹问樵夫。"

元黄溍是著名的理学家、史学家、文学家,才华横溢,史识丰厚。他的《登钱山望菰城慨然而赋》前半部分写登钱山,极写其幽,后半部分写望春申城,抒发怀古慨今之情,文辞优美,感情真挚,意境深邃,富于哲理:"耸身白云上,始见春申城。想当高会时,楼观飞青冥。竭海荐鼍勺,穷山羞鼎铏。安知千载后,寂寞无人行。煌煌冠盖区,壤壤狐兔茔。归来朱门客,听此松风声。"明中期的史鉴,家乡是与湖州相邻的苏州吴江,其《经下菰城》诗云:

"靡怀函谷败,却事下菰营。蕞尔非天险,当时盛甲兵。空城乌鸟乐,废堞野云平。不独吴宫里,离离蔓草生。"晚明朱长春是湖州乌程人,万历十一年(1583)进士,官至刑部主事,其《登下菰城》诗云:"置酒登荒城,众木生悲风。鸟兽行纵横,所见唯榛丛。昔者楚公子,壮图忽已终。高台与曲池,莽莽无遗踪。人生在天地,速如尊酒空。豪奢快得意,一旦皆蒿蓬。古迹遗后人,但使悲无穷。日暮望衡山,歌罢伤予衷。"这些元明时期的怀古诗都慨叹下菰城的兴衰,吊古伤今,寄托幽思。

古代史籍与湖州历代地方文献中关于下菰城的记载不少,一致认为:它是一座与战国末年楚相春申君黄歇有关的古城址,是春申君所设菰城县的旧址。北宋乐史所撰《太平寰宇记》引"《吴兴记》云,春申君黄歇于吴墟西南立菰城县,青楼连延十里",又云"废菰城县在州南二十五里,《郡国志》云:春申君立菰城县"。南宋谈钥撰嘉泰《吴兴志》亦云:"下菰城,在县南二十五里,《吴兴记》云,春申君黄歇于菰城县,起楼连延十里,西接黄浦。菰城,《郡国志》云,春申君立菰城县,在郡南二十五里,秦改为乌程,至今有城,因山每岁为牧马所。""乌程县,县治即《郡国志》所谓春申君置菰城县也,见《旧图经》,城内又有子城,见旧编,重城屹然,工役甚固。又《续图经》云:春申君始建城,距今千余岁,重城屹然,略不隳毁,则知当时工役之兴不苟矣!"之后湖州的历代府志、县志基本延续了上述记载。

关于下菰城还有一种说法,说是春申君伐吴时所筑屯兵之地。此说多见于明清文人著述,如明松江人徐献忠隐居湖州九霞山,其编撰的《吴兴掌故集》云:"郡志载,春申故宅在乌程县南二十五里即下菰城,新志亦以为城邑,皆非也。""今所谓下菰城者,盖春申伐吴时筑垒屯驻之处……又按:春秋楚子重伐吴,克鸠兹至于衡山,今下菰城正在衡山之南,其为屯驻之处无疑矣。"倪思《经锄堂杂志》记载:"吴兴人指南门二十余里下菰、菁山之间一带远山为西塞山也,山水明秀,真是绝境。"徐献忠在《吴兴掌故集》进一步解释说："其谓之西塞者下菇城,为屯兵之处,坐西向东,故也。"清人郑元庆在《石头记笺释》中亦云："吾意下菇城者,或春申君伐吴时屯驻之处。"

　　春秋战国时期,楚、吴、越三国之间确实经历长达数百年的战争,但明清记载的所谓"春申君伐吴"是不存在的。公元前306年,楚怀王抓住越国内乱的机会,联合齐国进攻越国,占领了越国的国都,杀死越王无疆,并将原吴越故地纳入楚国版图,设立江东郡。但楚灭越之战发生的那一年,黄歇(约前314—前238)还是一个年仅九岁的孩童,显然不可能领兵征讨。其实春申君不是伐吴,而是改封江东吴地。春申君封江东吴地事,司马迁《史记》有明确记载："考烈王元年,以黄歇为相,封为春申君,赐淮北地十二县。后十五岁,黄歇言之楚王曰:'淮北地边齐,其事急,请以为郡便。'因并献淮北十二县,请封于江东。考烈王许之。"这已经是楚征服吴地近六十年以后的事情了。

下菇城遗址

　　随着楚国的征伐,楚文化快速向四周扩张,特别是向其东方、南方扩张,表现出强大的生命力。但楚攻占江东东境,虽然故吴越旧地尽为楚有,并设立了江东郡，但主要还是进行军事占领。一直到春申君改封吴地后，他才携带着晚楚文化，实现了楚在江东东境真正的政治统治和社会治理。黄歇改封江东后，为了有效地统治这块广大的地域，将它划分为一个个的县，并以下菰城为核心置菰城县，这是湖州正式建置的开始，下菰城是湖州最早的建置城址。嘉泰《吴兴志》说湖州乌程"战国属楚时已为县，曰菰城，即春申君黄歇封邑也"。黄歇，一个战国的"楚人"，就这样成了"三吴"之地湖州的开城鼻祖。

下菰城有背山面水的优越地理环境。它坐落在一个自北向南倾斜的山坡上，背倚和尚山，东北靠近企盖山，西北方向是连绵不断的山峦，东南方向有东苕溪自南而北蜿蜒漫流而来，湖泊密布，港汊纵横，地势十分低洼，是典型的湿地景观。湿地盛产菰草，"城面溪泽，菰草弥漫"，因而得名下菰城。菰草是茭白的雅称。下菰城现存城垣系黄土夯筑而成，较实，城垣一般高6—9米，上部宽5—6米，底部宽30米，断面呈梯形，分内外两重。其中外城略似圆角等边三角形，现存城垣周长约1800米，面积约20万平方米，东北和西北城垣保存完好，无南城垣。内城位于外城内南隅，是文献记载中的"子城"，现存城垣周长约1200米，面积约8万平方米。内城有阙口六，外城有阙口三。下菰城是浙江乃至江南现存年代最早、保存最完整的一座先秦古城址。下菰城尚未经过正式考古发掘，在下菰城的城垣中夹杂有印纹陶、原始青瓷和夹砂陶片等。印纹陶有云雷纹、回纹、折线纹、组合纹等，在遗址上偶尔仍可捡到镰形刀和印陶罐残片等春秋战国之前的遗物；近山顶上还分布着当地群众传说是古代"烽火墩"的建筑，其实是先秦的土墩石室墓。文物部门在城内打的探方中还发现了商代遗物。因此，下菰城的真实面目尚待正式考古发掘揭开。下菰城一带黄土深厚，生长的春笋特别甜美，"白壳笋"很早就驰名江南。

楚风东渐在湖州的实证，还有安吉的五福楚墓，经过文物鉴定，确认其年代为战国晚期至西汉初期,属黄歇同时代。墓主人是一位级别较高的楚国贵族。该墓在地表六米以下,椁外四周填木炭和青膏泥。棺外置椁,无疑是楚人的习俗,吻合了楚地的葬俗特征。镇墓偶人是典型的楚文化葬制。同时还出土了大量最具楚文化风格的漆木器,它们类型丰富,保存完好,彩绘图案清晰,线条优美流畅,色质典雅亮丽,为环太湖流域所罕见。其中一件漆木瑟,器型硕大,柱、弦犹存;漆木虎子由母和子组成,子伏于母背,体现了动物的和谐气氛,雕刻精细、形象逼真,是同类器型中的佼佼者;漆木坐便器,是有史料记录以来的首次发现,其形制、大小、人性化设计科学合理。

春申君黄歇是"战国四公子"之一。黄歇年轻的时候曾四处拜师游学,见识广博,以辩才出众,深得楚顷襄王的赏识。楚顷襄王时,秦昭襄王派大将白起带兵打败韩国和魏国后,联合韩、魏两国共同讨伐楚国,形势危急,楚顷襄王派能言善辩的春申君出使秦国,说服秦昭襄王退兵。楚国太子熊完作为人质到秦国,被扣留了下来,春申君以命相抵,设计将太子送回楚国。楚顷襄王死后,太子完登位,即楚考烈王。楚考烈王元年(前262),黄歇被楚考烈王任命为楚国令尹,封为春申君,赐给淮北十二县的封地。从此黄歇辅国持权二十五年,荣宠不衰。

公元前242年,各诸侯国订立盟约,联合起来讨伐秦国,并让楚考烈王担任六国盟约的首脑,让春申君当权主事。六国组成合纵联军,曾一度攻到函谷关,秦国倾全国之兵出关应战,六国联军战败而逃。楚考烈王把作战失利的罪责归于春申君,从此开始冷落黄歇。楚考烈王病死后,春申君前去王宫奔丧,在棘门受到李园刺客的伏击,当即被斩头。同时,家人被满门抄斩。黄歇的智慧让人困惑,在楚国面临危难和大事时,他表现得极具智慧和胆略,但在个人面临危机时,他却丝毫没有警觉。司马迁说黄歇说:"初,春申君之说秦昭王,及出身遣楚太子归,何其智之明也!后制于李园,旄矣。语曰:'当断不断,反受其乱。'春申君失朱英之谓邪?"对黄歇的这个评语可以

下菰城古墙

说极其到位。

春申君是一位伟大的政治家,金末元初著名理学家许衡高度评价黄歇:"战国之四君,其可称者,唯一春申耳。至如孟尝、平原、信陵三子,乃尸位素餐者也。"在考烈王统治时期,春申君几乎是凭一己之力,为步入衰落的楚国赢得了二十年的喘息之机。通过援赵灭鲁,黄歇在诸侯中的威望大增,也使楚国重新兴盛强大。公元前241年,五国联军合纵伐秦失败以后,楚国形势更加岌岌可危,于是黄歇采纳门客朱英的建议,决定再次迁都,这次选择了寿春(今安徽寿县)。迁都寿春之前,公元前248年,黄歇就把自己所受封的淮北之地献还楚考烈王,作为寿春屏障,自己改封江东。江东,是中国古代地理概念,长江自九江至南京的河道为西南—东北走向,此段长江东南方地区称为"江东",又称"江左"。湖州所在的环太湖流域一直是江东的核心区域。

春申君在江东东境(环太湖流域)建树颇多,《越绝书》《吴越春秋》及各地旧志多有记载。在湖州,春申君建有下菰城。苏州曾是吴国都邑"吴墟",在战争中遭到毁灭性破坏,春申君于旧址重建城市和宫室,开辟"吴市"。《越绝书》记述说:"吴市者,春申君所造,阙两城以为市。"苏州太仓是一座因春申君开发江东而形成的城市,以粮仓作为城市名称。春申君在无锡舜柯山附近建筑了一座小城即黄城,因与斗城相近,也叫"黄斗城"。其中的宫室相当豪华壮观,西汉时司马迁参观后赞叹道:"观春申君故城,宫室盛矣哉!"

春申君治理江东东境,把他经营为自己的大后方,其中重要的举措就是治水,疏通河道,抑制水患,政绩显赫,深得民心。春申君治水的传说,在环太湖流域流传范围相当广,当地人纷纷以其姓或号为许多山、水、地方命名,如江苏江阴的申港、上海的黄浦江等,均为纪念春申君黄歇。湖州也有黄浦,嘉泰《吴兴志》记载:"黄浦一名黄蘖涧,在乌程县西南二十八里,其源出黄蘖山。《吴兴记》云:'春申君黄歇于吴墟西南立菰城县,起青楼延十里,后汉司隶校尉黄向于此筑陂溉田,宋鲍昭有黄浦亭黄浦桥送别诗。'""黄浦桥,在乌程县宝积寺前,宋以前有之,鲍昭有黄浦桥与盛侍郎别诗,即此地也。"江东东境各地根据春申君治水贡献,构建了怀念他的景观,这些景观饱含着江东人对他的感恩之情,通过当地人的集体记忆延续至今。

江东东境一向尊崇春申君,到了南北朝刘宋时,追尊黄歇为忠安王,至宋代累封忠安顺应威显英济王。春申君治江东,除了口头、遗迹(风物)以外,还有以信仰为核心的春申君庙传承下来。人们通过把他神化,终于使他成为保佑当地人生活的神。宋代之前,苏州的城隍就是春申君。苏州至今有春申君庙,庙内设古戏台。旧时苏州市民每年都要在古戏台向春申君献戏,当地称这一习俗为"酬神"。在太湖北岸,"春申封于吴,今无锡惠山,有春申庙遗迹可据"。明清时期,春申君庙、祠遍布松江府属之华亭、上海等地。祭祀春申君的原因在于当地人将他看成"社神""土神""土谷神"。

春申君黄歇对江东的经营是有效的,秦代的乌程就成了项梁、项羽等楚国旧贵族的逃亡之地。跟随项羽的铁杆"江东子弟"指的是"吴中子弟",而吴中就是现在江浙交界的太湖平原一带。唐颜真卿在《项王庙碑阴述》里明确指出,"西楚霸王当秦之末,与叔梁避仇于吴中,盖今之湖州也"。综合历代史籍方志的记载,我们可以这样说,湖州是项羽避仇期间活动的核心区域和根据地,筑子城,收宾客,练子弟,厉兵秣马,积蓄力量,以待"取而代之"的机会。秦末,项梁、项羽为便于操练兵马,选中苕溪众水交汇处的江渚汇东北筑城屯军,城墙高筑,四周开城壕。嘉泰《吴兴志》载:"按旧志,子城为项羽故城。"吴兴乔溇村南的北塘河上有一座二孔石梁桥,名唤项王塘桥,桥上有楹联:"桥号项王,率卒经过有项羽""当将独握虎符,从战八千辈"。当然把江东八千子弟附会成乌程兵并不妥当,但项家在乌程的宾客及弟子是他的基础部队。江东子弟兵是项家军的精锐,不管是巨鹿之战破釜沉舟击溃秦军,还是彭城之战以少胜多速决汉军,江东子弟兵都是令人窒息的存在,被誉为中国古代最强悍的军团之一。

与春秋至战国前期吴越争霸不同,春申君是融合吴越而归于楚文化的引领者、管理者,是江南地区第一个致力于文化统一的政治领袖。回眸春申君时期晚楚文化东渐中在湖州留下的古建遗存、先秦器物,感慨之情还是油然而生,它们有声或无声,唤醒后人共同的历史记忆。日本著名中国史学家内藤湖南认为,春申君通过努力,实现了文化中心的转移,"战国初期,魏是文化中心……其次是齐威王、宣王时,聚学者于稷下而呈现的繁荣","继稷下而昌盛者,是楚春申君的所在之地,即原吴国。荀卿也自齐来到此地。吴在阖闾时代昌盛,复昌盛于春申君时代","楚文化的昌盛,莫如说是在春申君时代"。

秦改菰城县为乌程县,两汉沿袭之,三国立吴兴郡,隋时更名湖州。无论风云如何变幻,历史怎样更迭,一部湖城史,开篇是春申。春秋战国时期,吴、越、楚等国,几度征战几度合,在湖州留下太多的春秋事、战国情,留给湖州的是众多古迹与古地名,湖州从此兼具吴越文化的特质。借由春申君迁都寿春、改封江东这一系列历史事件,淮北、寿县、湖州、苏州、无锡、上海等地可以映带出其城市历史文化的源远流长,共同的历史记忆正帮助我们穿越时空,实现彼此的心灵契合和亲密携手。

（本文选自上海安徽经济文化促进会寿县分会编印的《春申君论坛文集（第二辑）》。作者系中共浙江省湖州市委宣传部副部长、市社科联主席）

春申君开发江东的历史机缘与启示

姚尚书

战国初期,楚国为战国七雄之一,在诸侯纷争中十分活跃。由于其国力强大,在与中原诸侯的争夺中楚国屡有所获。自楚顷襄王开始,在与秦国的争夺中,楚国屡遭败绩,国力日蹙,汉水右岸的大片土地被秦国所夺,逐渐丧失了问鼎中原的机会。春申君走上历史舞台之时,正是楚国危机重重之际。秦国打算联合中原诸侯大举伐楚,楚国风雨飘摇,社稷堪虞。春申君黄歇出使秦国,充分施展其雄辩之才,说服秦王,使秦、楚重修旧好,化解了一场危难。春申君黄歇伴随太子熊完在秦国为使十年,既是楚国使者,也是太子的导师,与太子结下了深厚情谊。熊完继位之后,黄歇受到重用是情理之中的事。楚考烈王熊完以黄歇为令尹,治国理政的大计方针多出自黄歇。黄歇"虽名相国,实楚王也"(《史记·春申君列传》),这是春申君门客朱英的评价,也是客观事实。因此,楚国对江淮的经略、对江东的开发必然打上春申君的烙印。那么,春申君经略江淮和开发江东是在怎样的历史背景下展开的呢?给我们的启示又有哪些呢?

一、开发江东战略形成的历史经纬

考察楚国东迁的历史,经略江淮与开发江东具有同等重要的战略意义。

楚考烈王继位之后,以黄歇为令尹,把"寿春"作为黄歇封地城邑,封"淮北十二县"为采邑。《寿县志》在论述寿春地名的由来时指出,正是楚考烈王对春申君的倚重,"为春申君寿"而封邑,才有了寿春之名。意思是说,楚考烈王感念黄歇入质秦国的十年陪伴、十年教诲、十年关照,继位楚王之后借着为黄歇祝寿的名义,将从齐国夺来的淮北十二县封给黄歇,把江淮名邑改了寿春之名,作为封地中心城邑,从此有了寿春地名。

黄歇有了春申君封号,与孟尝君、信陵君、平原君齐名,经略自己的封邑是理所当然的事。经过十多年的经营,春申君的封邑特别是寿春城有了很大的变化,也为楚国迁都寿春奠定了基础。

楚国在西周分封诸侯(等级分为公、侯、伯、子、男)时不过是个四等小国,史称"楚子"。靠着楚武王、楚文王等先王的打拼,楚国在江汉地区日益活跃,蚕食了周边的小国以及"无主地"(周天子势力尚未达到的地区),有了与中原诸侯平起平坐的资本,由"楚子"渐渐变身"楚王",称雄江汉数百年,甚至有了"问鼎"周室的实力。当同样秉持扩张理念的秦国崛起之后,楚国成为其扩张版图的目标。周赧王三十七年(楚顷襄王二十三年,前278),秦将白起攻入郢都,楚顷襄王迁都陈邑改称郢(史称陈郢)之后,楚国进入多事之秋。在春申君黄歇走上历史舞台时,楚国仍然是危机四伏,春申君出使秦国,直陈灭楚之害与存楚之利,说服秦昭襄王撤下弦上之箭,并重修秦楚关系,楚国才得到喘息的机会。

黄歇是以无双辩士之才获得楚王信任,出使秦国的。与战国时期诸多才子一样,黄歇在出仕之前周游列国,陈述自己的政治主张,借以推销自己。游历的过程也是增广见闻、增长才干的机会,处变不惊、人情练达是他出众的个人素质,也是涉足政治的资本。陪同太子熊完入质秦国的十年中,春申君利用自己与秦国重臣的私交,如履薄冰地维系着两国关系,同时时刻关注楚国上层的一举一动。顷襄王病重,黄歇巧施与太子易服的计策,让熊完脱离秦国的控制,有惊无险地回到楚国继承王位,为他实施政治抱负奠定了基础。公元前262年,黄歇成为楚国令尹之后,一方面继续与强秦周旋,一方面联合中原诸侯与秦国抗衡,在战国时期的政治舞台上十分活跃。公元前257年率兵帮助赵国解邯郸之围,是春申君政治盘算的一步棋。这一步棋收到一箭三雕的效果:一是彰显楚国的实力,虽然屡屡受辱于强秦,但骆驼虽瘦架子还在;二是与中原诸侯修好关系,共同应对强秦;三是给秦国一点颜色。在春申君的主导之下,楚国虽然与中原诸侯合纵御秦,却始终有自己的盘算,公元前256年兴兵灭鲁,则完全不顾中原诸侯的想法,把楚国的势力推向黄河流域,在南到长江、北到黄河的广大地区取得战略支撑。

战国时期,礼崩乐坏,丛林法则大行其道。战国末期,各国为生存而不遗余力,楚国同样面临生存危机。由于江汉流域被并入秦国版图,楚国不得不一步步东迁。春申君灭鲁,虽然得罪中原诸侯,但也形成了一种有效震慑。齐鲁向来同气连枝,齐国的不满是显而易见的,其他诸侯国自顾尚且不暇,鲜有站出来仗义执言者。春申君灭鲁,将淮北之地与黄河流域连成一体,楚国不仅有了足够的战略纵深,人力、物力也有了保证。秦国慑于中原诸侯合纵的情势,不敢贸然兴兵;楚国则借机整理内务,蓄养国力,储备战略物资。楚国一时显现出中兴局面。然而,随着秦国东出函谷关,中原诸侯颓势尽显,合纵抗秦已难奏效,楚国与秦国最终对决的局面近在眼前。为了进一步寻求战略支撑,开发江东、寻求战略转圜空间是楚国必须面对的严峻现实。

二、春申君请封江东的历史机缘

春申君寿春封邑地跨淮河两岸,多膏腴之地。寿春城邑得淮淝之利、肥陵(今八公山)之固,加上远离军事纷争,又有此前在州来、下蔡经营的基础,经过春申君十多年的打理,经济发展迅速,社会秩序良好。《史记·春申君列传》载有"三千珠履"的故事,由此可见一斑。

第一,春申君灭鲁之后,淮北十二县与荀子所治理的兰陵已经连成一片,私人封邑与国家郡县杂处,势必难以整体经营。这便有了春申君以"淮北地边齐,其事急,请以为郡便"(《史记·春申君列传》)的理由,献出淮北十二县,请封于江东。从今天的视角来看,春申君献出封地之后,自今天的淮河流域到黄河故道两侧,南到淮南、蚌埠,北到枣庄、济宁,再加上淮河以南直到长江,十几万平方公里土地成为楚国腹地,假以时日,中兴有望。春申君虽为相国、实乃楚王,心里经略着这盘大棋,献出封地的真实原因并非"地边齐"。献出大片膏腴之地作为国家的郡县,以便统一经营管理,有利于国家战略,这是显而易见的。

第二,秦国在吕不韦、李斯等人的经略之下,采取远交近攻之策,国力日益强大,一班虎狼之师攻城略地,让中原诸侯少有喘息的机会。几次合纵抗秦的结果,不过是延缓了秦国东出函谷关的进程,而没有对秦国的军力、国力构成致命打击。春申君黄歇曾代考烈王担任"纵长",对中原诸侯的军事实力有清楚的了解,"弱秦"勉力为之尚且难以奏效,"制秦"几无可能。春申君出仕以后的主要精力都在应对秦国,对秦国国情和国策的了解比中原诸侯更深。迁都陈郢,对楚国而言不过是权宜之计,既然江汉流域无力收复,陈郢邻近中原,一旦秦兵全力举兵东进,将时刻面临秦人的攻击。春申君献出封地,楚国便有了大片膏腴之地,战略空间大增。春申君以"地边齐"(齐国是秦国的同盟)为由,献出封邑而请封江东,理由充分,楚考烈王可以顺水推舟,于楚国而言,具有重大的战略意义。

由此可见,春申君灭鲁与献出寿春封地都是为楚国谋取战略支撑,是楚国势力东渐的必然选择。献出寿春封地之后,春申君又在积极地营建寿春城,为楚国进一步东迁做好准备。

公元前241年,楚国与中原诸侯的第五次合纵失败,秦国出兵函谷关,对中原形成强大攻势。为避强秦的攻势,楚考烈王迁都寿春,楚国宗室、贵胄、人民以及大批国宝重器纷纷迁至寿春。春申君事实上导演了这一幕历史活剧。《读史方舆纪要》《寿州志》等对楚考烈王城与相国城的位置都有相应记述,出土文物也印证了其中的关联。特别是楚考烈王城,宫室、仓廪、匠作等区域功能有明显区分,表明楚人营建寿春城是下了很大气力的。

春申君请封江东,有人认为他是畏秦如虎,意在逃避。但是,从春申君的身份、地位以及在楚国承担的责任来看,这样的观点是站不住脚的。从史书记载可知,楚考烈王对黄歇的倚重是无人可以代替的,黄歇的相国地位也是别人无法撼动的,他在相国位子上的所作所为对秦国而言也是罪无可恕的。换作别人或许可以逃过秦人的追责,春申君是完全没有可能的。春申君深知,如果不能善加经略,楚国不仅中兴无望,国祚的存续也十分危急,抓住历史机缘、开发江东才是上策。

三、春申君开发江东的启示

春申君黄歇对江东封地的具体开发,正史中语焉不详,但江东地区留下的有关春申君的传说很多,在苏州、无锡、湖州、上海不一而足。东汉人袁康、吴平辑录的《越绝书》中有关春申君的故事有不少。其中春申君立无锡湖、治无锡塘的林林总总,可以看作春申君开发江东的史证。江东地区是吴国故地,伍子胥建苏州城在前,越王勾践在吴国治理的基础上进一步开发,经济社会有了更大发展。江东成为楚国版图之后,一开始并没有得到应有的关注,春申君请封江东以后,营建城池,疏浚河道,发展农业生产,治理成效明显。

"开发"一词出现很早,如今已经被赋予现代意义。古代的开发指的是对自然资源的利用,春申君对江东的开发也只能在这个意义上加以理解,与今天的开发不可同日而语。江东水乡泽国,向来就是种植水稻的地区,春申君通过疏浚河道、沟通水网、发展水稻种植,使江东地区成为粮仓。"太仓"的地名据说即由此得来。而对城池的营建,是粮食丰收、百姓安居乐业的必然要求。河道的疏浚,是货物运输的需要,也是商旅往来的需要。在春申君的经营之下,江东开发成果显现,成为楚国稳定的战略后方。历史不容假设,但我们不妨假设一下,如果春申君黄歇不被李园杀害,楚国历史的走向或许另有一番天地。然而,天不假年,春申君走上历史舞台是伴陪着楚考烈王熊完的,同样,他也与楚考烈王熊完同时谢幕,让楚国的历史走进灰暗。江东没有充分发挥楚国战略后方的支撑作用,不能不说是一个遗憾。

但是,春申君开发江东具有一个政治家的超远眼光和战略盘算,其积极进取的精神理当被肯定。首先,不谋全局者不足以谋一域,因时制宜方显智慧。在春秋战国那个特定的历史舞台上,智者辈出。春申君之前有孙子善于谋略,不战而屈人之兵,同时代的孟尝君田文有"狡兔三窟"之举,这些故事距黄歇所去不远。黄歇本身是一个智者,在早年的游历过程中之所以成名,靠的是真本事。走上历史舞台之后,每临大事他都显现出应有的智慧。其身负楚考烈王国事所托,自然不敢怠慢,棋高一着才能谋胜于一时。我们通过上文所述,黄歇献出封地开发江东,都是在为楚国的东进战略进行布局。明白这一点才能对黄歇这个楚国历史上最后的政治强人有所了解,也是对春申君应有的抚慰。

春申君由寿春而请封江东,对封地的经营自然借鉴了寿春经验,营建城池以奠定治理根基,发展经济,惠及百姓,以收怀柔之效,其最根本的用意在于尽快把江东变成楚国稳定的战略后方。因此,对全局的谋划充分彰显一个政治家的智慧。前事不忘,后事之师,春申君的智慧告诉我们,无论是国家的发展还是地方经济社会的发展,难免会遇到严峻挑战,直面挑战需要找到办法,因时制宜制定正确的应对之策,就能化解危机,找到出路。春申君请封江东,无形中形成了淮南与长三角地区的文化纽带,借鉴长三角的发展经验,加强与长三角地区的经济文化联系,利用好后发优势也是一种智慧。

其次,资源人口与战略空间是立国根本,开发是获取生存空间的有效手段。在楚国八百年历史进程中,不断获取生存空间是一条明显的轴线。楚国从四等子国,通过兼并手段逐步在江汉平原立足,开疆拓土,南向发展获取资源,北上问鼎谋取政治地位,从而位列战国七雄。楚国东向发展与吴国展开争夺,通过挤压"淮夷"的生存空间谋取战略利益,并最终把淮夷人的地盘并入楚国版图。对吴越地区的战略开发虽然没有改变楚国最终灭亡的历史宿命,但也开启了"楚虽三户,亡秦必楚"的另一重历史宿命。有人说,项梁率领八千江东子弟起兵反秦,靠的是春申君当年开发江东奠定的经济基础,这是有道理的。春申君在江东的开发不是一般意义上的获取,而是瞄准基础设施所进行的全面性建设与提升,特别是河道治理与疏通,从根本上改变了原来自然状态下的灾害频仍的局面,江东百姓因此对春申君心存敬意,为之立祠纪念。凡是为百姓谋福祉的人,百姓总会纪念他。

春申君开发江东是为楚国的未来着想,资源的含义随着历史进程而不断延伸。对资源的粗放利用模式已经被当今社会发展所扬弃,更合理地利用好土地、矿产等天然资源,开发利用人力资源,巧妙利用政策资源,这是长三角地区发展的宝贵经验,值得淮南地区很好地借鉴,并创造性地加以利用,这同样是获取生存空间的手段。今天,我们继承春申君的开拓精神,在获取生存资源的同时,更应注重人与自然的和谐共处,在更深层次上理解战略空间的含义,处理好涵养与获取的关系。这是智慧,更是情怀。

最后,个人利益与国家命运息息相关,孰先孰后是个必答题。游走于战国舞台的政治精英们,抱定以天下为己任者是多数,凡是获得重用的人通常都能施展自己的政治抱负,在历史的长河中投下身影。春申君黄歇也是这样的人,为楚国的生存发展鞠躬尽瘁是不争的事实。黄歇自然算不上大公无私,他把已经受孕的李园之妹献于楚考烈王一事,无论真假,人们都有理由质疑他的动机。人非圣贤,孰能无过?太史公在记述这件事时,对他是充分理解的。我们不必对此耿耿于怀,而应该像太史公一样释然。联系春申君一生的所作所为,我们看到更多的是他心系楚国,忠耿劬劳。

从中国历史的深处走来,家国一体、国重于家是文化传统,春申君请封江东、开发江东的历史事实最具有说服力。身为楚国事实上的当家人,楚国危机四伏的现状,春申君比任何人都了解。楚国是皮,春申君是毛,"皮之不存,毛将安傅?"(《左传·僖公十四年》)这则发生在春秋时期的历史故事距春申君并不久远,楚国社稷不存,春申君岂能独自远祸?正是明白这个道理,春申君才不辞远赴江东,以经营封地的激情为楚国营建战略后方。他给我们的启示在于:国家利益高于一切,个人命运离不开国家的强盛。在其位必谋其政,这是一份责任,一份担当,无论什么时候都不能忘记自己的职责与使命。那种蝇营狗苟、自私自利的行为于国家无益,于百姓无益,最终也必然自取其辱。那种数典忘祖、亲痛仇快的行为,更是赤裸裸的犯罪。

春申君开发江东是在特定的历史条件下所做出的选择,这一选择有其历史经纬和历史机缘,值得我们认真体会。品味其中的道理会让我们明白东方智慧的含义。社会治理是一个严肃课题,来不得半点随心所欲,任何选择都必然要付出相应的努力,承担相应的代价。中国传统哲学尊重实践,在实践中总结经验,汲取教训。这一思维方式与行为方式,几千年来没有变化,这也是东方智慧得以形成的基础,值得我们敬畏。

(作者系中国散文学会会员,曾任淮南市地方志办公室主任、总编辑)

春申君的传说及其形象的流变

张琪舒涵　戴建国

春申君黄歇，是战国豪杰中最出名的历史人物之一。作为历史人物，"各领风骚数百年"，其知名度在魏晋南北朝时期已然不显，然而春申君的传说以及春申君的形象，在经历了两个重要的转折点后复兴大盛：一是唐宋之际太湖流域的广泛传播与信仰；二是明清之后与上海发生了符号的建构。究其原因，则与水利、航运的发展史密切相关。在民间，春申君形象从单一的政治家、治水英雄逐渐丰富多元化，这与春申君的传说流传效力和传播范围的增大呈正比关系，春申君的传说与信仰在上海立足扎根，成为申城的文化地域符号与精神象征。

一、以苏州为传播中心的单一的春申君治水形象

唐宋之际，春申君的传说与信仰在太湖流域广泛流传，其传播中心为苏州。传说的传播受"战国四公子"身份的加持，同时与京杭大运河的开通、江南运河的体系形成后，"苏湖熟，天下足"太湖流域的极高农业地位有关。

唐宋以后，全国经济中心完成南移，苏州、太湖一带逐渐被开发。水利及灌溉设施的建设，使苏湖一带成为全国粮仓，战略地位显赫。以苏州为中心的传统江南社会经济的发展，在很大程度上依赖于京杭大运河的开通以

及江南水运网的互通,江南的商品通过内河水路聚集苏州,然后通过苏州经京杭大运河北上转运全国各地。京杭大运河成为传统江南经济的命脉所系。可以说,苏湖成为江南区域经济中心,依赖的就是水利与河道的浚通与建设。

楚考烈王十五年(前248),春申君请求考烈王改封江东(长江下游南岸等地)为自己的领地,"黄歇言之楚王曰:'淮北地边齐,其事急,请以为郡便。'因并献淮北十二县,请封于江东。考烈王许之。春申君因城故吴墟,以自为都邑"。春申君作为楚国贵族被封于吴墟(今苏州),他在封地(旧吴地,是太湖流域的核心地带)内进行了许多河道、湖泊的修建规划及改良,平息了太湖流域水系的灾患,故而被当地民众尊敬崇拜。春申君的民间传说,便在他治水功绩这样一种历史事实的基础上丰富起来。春申君治水传说的主要传承动力,在于苏湖民众对春申君的感恩之情,以及为了免受水灾奉祀春申君的民俗信仰。

作为楚国政治家的历史人物春申君,他在民间的形象逐渐变成了治水英雄、地方官、治水神。春申君初步开发了太湖流域,尤其是他进行一系列的水利工程的建设,功在千秋。太湖居民感恩其功德,为他建庙宇,并奉为神灵。在苏州成为农业区域经济中心后,春申君的传说与信仰知名度和传播度大振,具体地说,太湖流域的"第一代"传播,为其流变奠定了基础。

二、在太湖流域传播中多元变异的春申君形象

宋代,从京杭大运河往南,与长江、江南运河、吴淞江等为主要通道的太湖流域水运网趋于完善。由于运河运输具有分段转运的特点,在水陆交通便利的地区便集中兴建城镇,南京、常州、无锡、苏州等依次排列的城市,成为运河沿岸城市带的重要组成部分。春申君传说的传播,大致便是依

春申君祠

靠运河水运交通网,在流传变异中保留着"治水"的共同母题情节与相同的信仰。

在太湖流域的不同地区,春申君的民间形象发生了不同程度的变异,春申君的民间形象从历史人物、治水英雄升格成为地域信仰,具体体现在各地不同的神化程度上,从苏州的城隍神到神职稍低的无锡土地神,这些民俗事项都印证了民间传说"传播中心论"的说法。

城隍神是一座城市的守护神,在谱系上属于冥界神官,掌管地方州府民众的生死祸福、善恶功过,管理地方州府的阴间亡魂。因城隍神为阴间的长官,人们都希望为官者能为民做主,体恤民众疾苦,所以百姓对那些为民众做好事的官员尤其敬重,在他们死后,便把他们作为城隍神供奉,如苏州祀春申君,杭州祀文天祥,上海祀秦裕伯,桂林祀苏缄等。苏州是春申君信仰的中心,与春申君领有该地域有关。《战国策》记载,春申君在当地兴修水利,如开凿运河、建筑堤防等。春申君作为苏州城隍第一神,拥有着仪式祭祀的民间崇拜。《吴郡志》卷四十八《考证》云:"城隍庙,其初,春申君也。庙碑具在。"可见,在苏州城隍庙的第一神就是春申君,至少从唐代开始民众已经视之为城隍神来祭祀。春申君的升格,容易使信仰者产生亲切感和信任感,同时也赋予城隍神在人间更有"人性"的身份。春申君居城隍第一神的民俗事项,不仅体现着民众感恩水利的厚泽,而且体现着苏州当地对历史人物认同的历史过程。

土地神,又称为社神,后被列入"五祀"之一,供奉社神是对土地社稷平安的祈求。土地神掌管一乡、一村、一家的生死祸福,其职位虽略低于城隍神,但此神功能浩大,不仅是乡村的监察神、守护神、赐福神,在道教宫观里还有着镇守灵坛、上天呈奏章表等职能。在民间,人们常把社神亲切地称为"土地爷""土地公公"。在无锡,春申君因其治水功绩,至少在唐宋时期就被确立了社神的地位。《越绝书》载:"春申君时盛祠以牛,立无锡塘,治无锡湖。"春申君开发太湖地区的水利,促进了当地农业和手工业的发展,给当地人带来了恩惠的成果,故而地方人们把有治水功绩的春申君升格成为土地神,保佑着一方平安。古代对土地神的信仰由来已久,认为居住和生活之所是在乡土之上,一方水土,总有土地神来保佑。人们供奉土地神的初衷也是为了平安生存,土地神保护着人们的日常生活。为民众生活治理水患,改善环境,有功于民、有功于地的治水人物春申君,他的民间形象自然而然地进行了升格,发生了变异。具体地说,在当地人的印象中,春申君是预防水灾的人物,人们通过神化历史人物,与春申君确立了"供奉与保佑"的这一互惠关系。

三、上海地区春申君民间形象的建构

春申君成为申城的文化符号这一现象,在时代上是突变的,在过程上是渐进的。它与明清时期上海在江南区域经济中的地位变化密切相关,而引起这一变化最本质的原因,在于清代运河的衰落及海运的便畅与兴起。又因海运发达、近代开埠、太平天国动乱,上海的"春申君"一词经历了从空间符号到现实符号再到文化符号的层层递进,春申君逐渐从一个历史人物到一种民间传说再升格为一种民间信仰。

在上海,以"春申"命名的乡村、道路不仅占有广大的地域空间,而且称呼黄浦江为申江、上海为申城,都是对于这位历史伟人的怀念与时代背景重新建构的表现。

明代的河湖整治、开掘河道与太湖流域广为流传的春申君浚通河道、治理水患的历史传说,发生了追溯性的搭桥链接的联动,春申君正逐渐成为上海的现实符号。黄浦江的俗称便是这一现象的可靠反映。黄浦江俗称申江,根据历史考证,黄浦江之名已见于南宋时期。明代市民文化蓬勃发展,在地方志与地方传说中均出现了"春申君开凿黄浦江"的记载。在当时,黄浦江称为"春申浦""春申江""黄歇浦"等,是因为人们相信春申君开凿了黄浦江,而以他的名字命名。《上海县水利志》也记载:"春申塘,又名莘村塘。传说为战国时期春申君开浚,故称春申塘。"春申塘位于闵行区中部,它的命名也与春申君传说相关联。

究其本质,海运网的初步建设与疏浚这一官方性的基层治理行为,附会上了春申君历史传说的色彩,春申君传说也因其政绩和历代传承者对春申君的记忆与建构才得以因袭于后代。该传说中的治水本发生在水灾频繁的太湖流域,但现实命名的建构过程也体现出河道、海道对上海的重要性。海运网的初步建设与疏浚,为上海替代拥有漕运优势的苏州而成为江南区域经济中心奠定了基础,也为春申君进一步成为上海不可或缺的文化符号埋下伏笔。

黄浦江的开发、黄道婆的棉纺造就了松江府的经济崛起,春申君在上海现实符号的建构是春申君传说流传与本土化的反映。春申君作为楚国后期政坛上不可或缺的人物,曾造就了辉煌的"楚复强"的局面,推动楚国将泗水一带纳入了自己的领土,并将领土扩到国都(陈郢)的东北地区,其历史功绩是无与伦比的。春申君传说便以他的历史功绩为蓝本,丰富了许多的故事细节,逐渐被资源化。随着上海由苏州的外港升级成为长江流域甚至南中国商业集聚地的经济身份的提高,以及巡道治署移驻于上海政治军事地位的上升,挖掘上海文化资源的需求日益紧迫。春申君被建构为上海现实符号便是基于此背景,生动地表现在很多客观地域空间的命名上。如闵行区有春申路、春申村,松江区新桥镇有春申塘。嘉定区黄渡社区的命名更是与春申君有关,社区内有介绍黄渡历史、历史人物与风土人情的纪念物与石碑,其中一个就是与春申君有关的《黄歇东渡》。该地在壁画中描绘春申君带领士兵渡江,石碑这样记载:"公元前355年,楚灭越,此地为楚春申君黄歇的封地。相传黄歇受命攻打秦国,曾率领大军在陆皎浦(今黄渡镇东首)摆渡过江。吴淞江面,千帆破浪,江涛滚滚,蔚为壮观。从此,后人就称此地为'黄歇渡',经历代相传,逐渐演变为黄渡,黄渡由此而得名。"可以说,春申君的历史文化价值为其现实符号的建构提供了内质动力。

春申君信仰圈的建立与扩大,是开埠后在已有的春申符号基础上进行的,春申君信仰的职能从单一治水走向多元化,增添了预卜保吉的某些内容。《沪游杂记》记载了一个关于三茅阁与春申祠有趣的民间故事:

三茅阁的旁边是春申祠,供奉的是春申君。从前吴淞江水患,春申君领着大家开掘水道导流入海,这条水道就是黄浦江,也叫春申江。虽说春申祠的历史远比三茅阁悠久,但自从三茅真君来上海落脚之后,春申君反而大受冷落。因为好多人都觉得三茅兄弟司命保生,主人箓寿,而春申君的本领不过是挖了一条河,和自己没啥直接关系,所以都把钱财往二茅阁里抛了。先是太平天国运动,朝廷不惜引狼入室,请来洋鬼子帮忙围剿,战火延及上海。上海的老百姓早听讲洋鬼子个个都是吃人生番投胎而来,恐怕涉祸,纷纷往三茅阁和春申祠里求签请教。去春申祠里烧香的人,得到的指点是"一水贤于百万兵";去三茅阁里烧香的人,得到的指点是"召神驱妖禳兵灾"。于是信奉春申君的人都急忙打点行装,跑到浦东去暂避,靠着黄浦江水的阻隔,倒也躲过了洋鬼子的锋头;而信奉二茅真君的人都争着把钱财用来请三茅阁道士请符箓、祈神灵,到头来非但没有逃过厄运,更有连身家性命也一起送到洋鬼子魔爪下的。这下子,上海的老百姓算是比较出了三茅真君和春申君的优劣高低。他们在南市盖起一座新的春申祠,把春申君迎进新居,而三茅真君被洋鬼子扔出来后,便不再有人搭理,只好在三茅阁桥上临时栖身,向过路行人弄点烟火。

在这则民间故事中,春申君信仰新添加了求签问卦、预卜先事、福保平安的民间职能,在动乱的年代里,春申君信仰获得了上海地区民众的尊重与崇拜,收获了一大批信徒,扩大了春申君信仰的圈子。

因唐宋漕运的开展,春申君的民间传说在客观史实的基础上流传与丰富,扩散到太湖流域周边,并在扩散的过程中增添了民众喜闻乐见的故事细节。他的民间形象从历史人物、治水英雄升格成为地域信仰,具体体现在土地神、城隍神等各地不同的神化程度上。明清后,春申君的水利政绩与上海的河流整治、开掘河道发生了追溯性的共同链接,海运的兴盛使春申君的传说与信仰在上海发展与立足。可以说,海运对上海有多重要,春申君对上海就有多重要。这使得春申君最能代表上海,"申"也成为上海的文化象征与符号象征。在当代,春申君与申城的交融交汇将继续下去。

（本文选自上海安徽经济文化促进会寿县分会编印的《春申君论坛文集（第二辑）》。作者张琪舒涵系上海师范大学哲学与法政学院民俗学硕士研究生；戴建国系上海师范大学图书馆副研究馆员，《非遗传承研究》副主编）

春申君黄歇与上海黄浦江

赵 阳

走在上海的大街小巷，蓦然发现，以"春申"为名的地方，比比皆是，春申路、春申公园、春申广场、春申小区……粗略计算，过去一年游历上海所走过的地方，以"春申"为名的就多达五十六处。春申，指的就是"战国四公子"之一的春申君黄歇。

黄歇（约前314—前238），战国时期楚国著名的政治家、军事家，游学博闻，善于辞令，遇事临危不惧，谋略过人。太子熊完即位后称楚考烈王，任命黄歇为令尹，并赐"春申君"封号和"淮北十二县"封地。公元前248年，黄歇考虑到"淮北十二县"战略地位十分重要，对楚国发展举足轻重，主动向楚考烈王提出放弃"淮北十二县"。楚考烈王对春申君向来言听计从，同意其请求，改封江东予黄歇。此事在司马迁《史记·春申君列传》中有明确记载："考烈王元年，以黄歇为相，封为春申君，赐淮北地十二县。后十五岁，黄歇言之楚王曰：'淮北地边齐，其事急，请以为郡便。'因并献淮北十二县，请封于江东。考烈王许之。春申君因城故吴墟，以自为都邑。"

明朝学者朱察卿在其所著《露香园记》中说，上海为新置邑，无"郑圃"（战国时道家代表人物列子所居之地）、"辋川"（唐代大诗人、尚书右丞王维所居之地）之古，惟黄歇浦踞上游，环城如带。文中所提"黄歇浦"，正是春申君黄歇带领民众治理的黄浦江。这部著作，也是目前所见古人正式将春申君定位为上海开城鼻祖的最早文字记载。

江东原为吴国、越国属地。公元前306年,楚国大司马悼滑率兵征伐取得胜利,江东从此纳入楚国版图。春申君受封江东时,吴越故城因连年战争残垣断壁、满目疮痍,千里沃野河水泛滥、沼泽绵延。汲取孙叔敖治理芍陂而成楚地粮仓的经验,黄歇决定,把江东也开发成与之媲美的江南粮仓。

离开繁华的都市寿春,黄歇带领随从来到吴废都苏州重建城池。公元前246年初冬,黄歇沿着长江东巡踏勘至东海,沿途但见水草枯萎,沼泽地里水鸟翻飞,沿岸村庄一片萧条,广袤原野满目荒芜。来到江水汇入东海的地方,发现这段当地人称"东江"的河流,由于泥沙淤积,河床抬高,洪水经常泛滥。黄歇决定治理江东,就从疏浚东江入手。整个冬天,黄歇白天头顶斗笠,手捧规划图帛卷,带领随从和沿途民众疏浚河道;夜晚则走进附近村庄走访民众,收集、了解民众对工程建设的意见和建议。整整一冬一春,东江这条过去的浅水河、"断头河",被彻底打通了,成为连接东海、黄海间的出海口,水面被拓宽到五百米以上,河道下挖深十多米,上游太湖、淀山湖的排泄畅通无阻,周边的田地村庄再也不受水害侵袭。

上海黄浦江

"嘟嘟嘟，嘟嘟嘟，爷娘去开黄浦江，回来又开春申塘，领头的爷爷叫春申君，住在伲村头黄泥浜。"这首流传于黄浦江两岸的歌谣，从古一直唱到今。歌谣中的"黄泥浜"，现在名叫"春申村"，传说是当年黄歇率众治理东江的"指挥所"。

在治理东江的同时，黄歇还动员吴越民众，户户出丁，村村出力，同步对吴淞江、娄江进行修堤筑坝、开沟布渠。吴淞江发源于苏州吴江区，古称松江、吴江，进入上海市区后称苏州河；娄江西起苏州娄门，东至太仓入海。黄浦江、吴淞江和娄江三大水系经过疏浚治理后，曾经的"灾河""害河"变成了利国利民的水利设施和黄金水道。江南水网纵横，河道畅通，田块规整，能排能灌，千里泽国一跃成为万顷良田。

东江改名为黄浦，始见于南宋绍兴二十八年（1158）高子凤为西林（今浦东三林镇）南积教寺所作的碑记。自东江被治理后，后人感念春申君黄歇的功德，便将其称作了黄歇浦、春申浦、黄浦、大黄浦等。"浦"为上海方言，即入海口的意思。据陶振民《中国历代建筑文萃》记载，清代以后，上海人规范地名称谓，始正式将其定名黄浦江，也称申江，并取江名中的"申"字作为上海别称。

上海人懂得感恩，在2002年上海世博会申办成功的大型庆典上，众人载歌载舞纵情欢唱的第一首歌就是《告慰春申君》。现在，位于松江区新桥镇春申村内的春申君祠堂保存完好，香火旺盛。近年来，为了充分表达上海人民对春申君黄歇的爱戴和感恩之情，上海有关方面还专门开通了"寿县寻根之旅"，组织上海游客来到古城寿州寻幽探古，缅怀、凭吊春申君黄歇的丰功伟绩。

（作者系安徽历史文化研究中心研究员，淮南市政协文史专员，淮南市作协副主席）

同享共春

拜谒春申君　寻访楚文化

——对寿春古城开发的几点思考

蒋建平

恕我孤陋，我对寿春古城的认识，是从对春申君这位战国晚期传奇人物产生兴趣后才逐渐开始的。我有一种感觉，上海这个地方有一些自己固有的特征，所谓"海派"，不仅是开埠后受西洋之风熏陶使然，还在于它有着深厚的历史文化底蕴。这个底蕴与来自寿春的春申君分不开。上海人身上有着豪气侠义、刚柔并济、和谐包容、开拓创新的一面，很多年来不乏像春申君、孟尝君这样礼贤下士的人物。这一点和寿县人很相像，这说明寿县人和上海人有着共同的文化基因，这个基因来自于先秦战国时期的春申君以及跟随他一起来到当时还是比较落后的江东地区开发的楚国贤人俊彦。

2019年阳春三月，我们对寿春古城做了考察，开启了"拜谒春申君　寻访楚文化"的不寻常之旅，深感寿县各界人士对开发古城的热忱，深感大家对家乡文化强烈的自觉意识与自信意识。考察结束后，我又查阅了不少资料，寿春古城的形象在我脑海中渐渐清晰起来。我们的先人为后代留下了物华天宝、人杰地灵的古城，今天我们通过保护和开发，延续文化根脉、营造出一个传统和现代融合、内涵与风情兼具的精神家园。这不仅是寿县人的愿望，也是江东，即今天长三角区域包括上海人的愿望，因为我们有着共同的文化的"根"。

下面我谈几点对开发保护寿春古城的粗浅看法。

守住古城文化的灵魂

寿春的崛起与楚国的兴盛是分不开的。

春秋以降,楚国在南方兴起,以江汉为根据,北上中原,东进江淮,争雄称霸,一跃成为南方大国。

楚在江淮经营数百年。纵观楚东进江淮的历史,实际上也是楚文化东渐的过程。楚东进不仅结束了江淮之间小国林立的局面,促进了地区经济发展,更重要的是推进了区域之间各种文化的交流与融合,楚文化逐步渗透进这一地区,并融合当地的淮夷文化,成为江汉与淮水地区的主流文化。公元前262年楚考烈王继位,任黄歇为国相(令尹),并封其为春申君,以淮河流域十二邑为他的封地。黄歇即在今寿县城建寿春邑,作为他封地的政治、经济中心,寿春邑很快成为战国时期的名邑。由于秦多次犯楚,楚在江汉和中原几经易都,不得安宁,在春申君的建议下,公元前241年楚将国都迁往

黄泥孤堆(黄歇墓)

寿春,春申君又请求楚王将江东吴国故墟即今上海、苏州、常州一带改为他的封地,春申君率三千门客赴江东上任,于是成为上海一带开发的始祖。而此时的寿春成为楚国的政治、经济、文化中心,经过数百年发展已经高度成熟,绚丽灿烂的楚文化最终沉淀于寿春,通过春申君和他的部属,又将带有明显寿春特色的楚文化辐射到江东一带。

青铜器是中国古代文明的标志之一,寿县出土的楚青铜器工艺精湛、造型美观,入土两千余年而不毁,最具代表性的楚大鼎高113厘米,重约400公斤,仅次于安阳殷墟出土的商代后母戊鼎。鄂君启金节、大府铜牛等青铜器均为楚工的铸物,堪称楚器中的重器和精品。寿春有着楚国令尹孙叔敖率民众修筑的芍陂(今安丰塘)这一中国历史上最古老的水利工程,历经两千六百多年而安然存在,至今造福、滋润着当地民众,对研究中国古代水利工程建设和水利发展史具有极高的价值。

楚文化是我国古代一支极其华丽的历史文化,曾一度代表中华民族南方文明的最高成就,范围波及江汉、江淮和江东等广大地区。在人们的印象中,黄河是中华文明的摇篮。而近年来,越来越多的考古发现证明,中华文明还有一个摇篮,那就是长江文明。以楚文化为代表的长江文明,与北方的黄河文明堪称双峰并峙。黄河文明的代表是中原文化,特色是政治色彩浓厚,与之相比,楚文化更显神秘、浪漫和华丽;中原文化比较肃穆、凝重,而楚文化则想象力丰富,热烈、奔放,色彩瑰丽。

长江文明不但一度在华夏大地上尽领风骚,在全球范围内,也与同时期的希腊文化交相辉映:古希腊在航海技术、理论科学、体育竞技、写实艺术等方面胜于楚人。但楚国的青铜冶炼、铸铁、漆器技术领先于古希腊。古希腊有诗人、哲学家,而长江文明中有屈原的浪漫主义诗篇,有极具思辨性和想象力的老子和庄子,丝毫不逊色于他们。

秦灭楚国不多年后,因施行暴政,很快覆亡。楚国亡后,社会上曾流传谶言"楚虽三户,亡秦必楚"。十数年后谶言竟然成真,灭秦者果然以楚人为主。首先起事的陈胜吴广是楚人,打出的旗号是"张楚",其后楚汉相争的两位主角项羽和刘邦也是楚人,项羽自号"西楚霸王"。刘邦建立汉朝,其所创建的文化礼仪制度除了承秦制外,还有不少出于楚地旧俗。刘邦的孙子刘安被封淮南王,国都就设在寿春。说来更巧,此人也颇有春申君之风,喜集门客,曾招宾客方术之士数千人,编写《淮南子》,是为中国思想史上划时代的学术巨著,又作《离骚传》,是中国最早对屈原及其《离骚》作高度系统评价的著作。

此后江山易代,而寿春的文化在这漫长的过程中演进、嬗变、吸纳、扬弃、提升,楚文化—江淮文化—江东文化既一脉相承,又在发展过程中互相包容,形成了丰富的历史元素和精神内涵。这是否就是寿春古城文化的灵魂? 我们保护、开发寿春古城,是否要守住这个灵魂?

解读古城文化的密码

寿县经过千百年的变迁,已经形成了自己独特的文化气质。

自楚汉以降,历代文人墨客留下了描绘她的许多佳文华章和诗词曲赋。北宋大诗人苏轼遭贬,从京城开封南下过此,作《寿阳岸下》,诗云:"街东街西翠幄成,池南池北绿钱生。幽人独来带残酒,偶听黄鹂第一声。"宋代隐士林逋来寿春访友作《寿阳城南写望怀历阳故友》:"楚山重叠蠹淮濆,堪与王维立画勋。白鸟一行天在水,绿芜千阵野平云。孤崖拂阁晴光见,极浦渔舟晓未分。吟罢骚然略回首,历阳诗社久离群。"这些诗歌写出了寿春古城的街容街貌,写出了城市与自然山水交融的景观,写出了苍茫、幽美和寂静的境界,风景如画,让人沉醉,其中又隐含着许多没有道破的文化信息。

我们知道,中国有不少已经开发和尚未开发的古城,丽江古城、平遥古城、阆中古城、乌镇古城等等，每一座古城都有自己独特的文化信息。丽江古城将古城环境和少数民族特色与现代人的游憩方式、生活方式紧密融合在一起，将少数民族传统文化和民间手工艺有机地联系起来。创新打造一系列古村客栈形态的集观光与休闲度假为一体的古建筑，被称为"世界遗产带动旅游发展"的"丽江模式"。

平遥古城代表了明清晋中城镇街道民居的特色，平遥的街道整齐划一，民居建筑布局严谨，轴线明确，左右对称，轮廓起伏，外观封闭，大院深深。精巧的木雕、砖雕和石雕表现出浓重的民俗气息。在开发时注重由社区向景区的转变，城区向郊区的延伸与辐射，集中体现了14－19世纪前后汉民族出行、起居的历史文化特色。

阆中古城在古代是巴人活动的中心地区之一，具有鲜明的巴文化特色。其山川形势独特，山水城融为一体。古人按照风水学的理论为指导在此选址建城。阆中的开发以风水为魂，整合古城。在风水文化的主题下，形成风水山水、风水城区、风水文化展览、风水小品、风水旅游纪念品等系列，成为"中国风水文化旅游观光目的地"。

乌镇古城是典型的江南水乡城镇，它突出的特点是水乡的幽然，水路交通，石桥、青石板古街，形成了"井"字状多层次的交通空间，串联起各个功能空间（商业街、古院落、休闲水岸、客栈等），满足了游客在欣赏古街的同时，又能深入体会古老的水乡生活。

寿春古城的文化气质、文化信息与上述几座古城相比不仅不逊色，而且更丰富，更具历史底蕴。

寿春在先秦时的蔡国、楚国，汉朝时的淮南国和汉末袁术称帝时先后为国都，其政治地位不言而喻。

寿春控扼淮淝，为南北要冲。古代运输主要靠水运，寿春地处淮河南岸，八百里淮河为寿春提供了有利条件。寿春的陆路交通也很发达，战国、秦汉时期寿春已经成了江淮地区乃至华东地区的交通枢纽。

楚汉之际寿春在城市建设上，面积之大，居住人口之多，在当时是罕见的，街道和水道的规划都具有很大的科学性，把淝水、芍陂等水源从水门引入城中，城内外河流交织，舟楫如梭，商贾云集。我们都知道北宋的开封有"清明上河图"，极尽描绘城市繁华，恐怕先于它一千多年，楚国的寿春城早就有了"清明上河图"的场景。

有关方面曾经做过一个归纳，将古城寿春的文化分为楚汉文化、战争文化、城墙文化、廉政文化、红色文化、宗教文化、民俗文化、美食文化和豆腐文化。我认为很详尽，充分体现了古城寿春的文化气质和文化信息。这里做些建议和补充。

一是春申君文化。春申君是寿县和江东地区共同的文化先人，江东地区即现江南地区处处都有春申君的文化遗迹，春申君的发祥地寿春该有他的纪念场所，可广泛收集有关春申君的相关文化遗物、文字资料，以供后人瞻仰，成为寿县和江南民众寻根的寄托，这在今天长三角一体化的背景下更具现实意义。

二是循吏文化，"循吏"与"廉政"有共同点也有不同点。共同点是廉洁，但循吏主要是指既清廉能干，还能遵循规则、体恤民生的官吏。官场中有"循吏、能吏、清吏、酷吏和贪吏"之分。清吏、能吏已属不易，而循吏更难。楚国令尹孙叔敖胼手胝足率民众修筑芍陂，造福百姓，自己却因过度劳累至疾而亡，死后身无分文，仅茅屋两间。司马迁在《史记·循吏列传》中将他列为"循吏第一"是有道理的。这是个令人钦敬的人，可惜知道他的人不是很多，是否应该彰显他的事迹，与他主持修建的芍陂、水利文化结合在一起，作为寿春古城的又一张文化名片？

三是古城墙文化、古战场文化。此两者可结合在一起。寿县古城墙为全国七大古城墙中保存较完好的一座，城墙古朴雄伟、气势磅礴，如苍龙环绕，因为地理位置险要，有"中原屏障，江南咽喉"之称，历来被兵家反复争夺。古城墙见证了历史上几次重大的战役。如前秦与东晋的淝水之战，这是历史上最著名的以少胜多的战争，东晋用五万的军队击溃八十余万的来犯的前秦大军。五代十国时期的后周与南唐的寿春之战，当时身为后周大将的赵匡胤(后来的宋太祖)随后周世宗柴荣亲征南唐国，在寿州打败南唐军主力，立下了赫赫战功。两淮民间至今还流传着"赵匡胤困南唐"，当地百姓送上糕点以解大军饥困的故事，寿县传统名点"大救驾"就源于这个故事。城墙不仅有着自身的各种特点，而且承载着许多文化密码和信息，可以把它们有机结合和展现出来。

四是淮南子文化和豆腐文化。西汉淮南王刘安在寿春广招宾客，论学问道，推出皇皇巨著《淮南子》，又名《淮南鸿烈》。"鸿"是广大的意思，"烈"是光明的意思。这部著作以道家思想为主线，吸收诸子百家学说，"牢笼天地，博极古今"，融会贯通而成，是战国至汉初黄老之学理论体系的代表作。《淮南子》在阐明哲理时，旁涉奇物异类、鬼神灵怪，"女娲补天""后羿射日""共工怒触不周山""嫦娥奔月""大禹治水""塞翁失马"等古代神话故事，主要靠这部著作得以流传。刘安好道，为求长生不老，招方术之士常聚在楚山(被后人改称八公山，出处就在此)，谈仙论道，著书立说。一次，刘安炼丹配料时不慎将石膏掉进豆浆里，继而凝成鲜嫩柔滑的豆腐，由此创造出独步天下的中国"佳味"豆腐，八公山也因此成为中国豆腐的发祥地。这些都可予以彰显。

五是历史名人文化。古城寿春就像一个历史大舞台，多少英雄人物在这舞台上叱咤风云，除了上述说到的外，在这块土地上出生的还有东吴名将丁奉、蒋钦，南宋大学者吕祖谦，清状元、帝师孙家鼐等。还有众多与寿春有关的历史人物，如赵国名将廉颇、三国名士荀彧、北魏地理学家《水经注》作者郦道元等，都在寿春长时间居住，有的终老于寿春。挖掘出这些人物的故事,寻觅这些人物在寿春的足迹,也非常有意义。

六是成语文化。中国古代文化宝库中的瑰宝之一是有着众多言简意赅、意味隽永的成语典故。而寿春在历史变迁过程中留下了"一人得道,鸡犬升天""投鞭断流""风声鹤唳、草木皆兵""一叶知秋""乐极生悲""临水羡鱼""兔死狗烹""迅雷不及掩耳""淮橘为枳"等五百多个成语典故,堪称成语之乡、成语之城。这充分说明寿春古城承载文化信息的繁密和文化基因的强大,也说明历代寿县人民的机智聪颖和文思的源远流长。如何将这些与自然景观和古城遗址结合在一起的成语典故活生生地展现在世人面前,也是古城开发保护的一项重要工程。

提升古城文化的气质

两千多年的建城史为古城寿春留下了大批珍贵的历史文化遗产,也让以楚文化为源头的寿春文化根脉相承,延续至今。今天我们开发、保护古城,就是要揭示其所蕴含的历史底蕴、人文智慧及其所构建的精神家园,提升其文化气质,展示其历史价值与当代意义。

一是如何将有形的自然环境、历史建筑和城市格局与无形的城市个性、文化精神、节庆风俗、美食特产和环境氛围做到有机融合。

二是依照城市自然肌理规划古城整体定位方向,保留原有古城居住尺度,一个区域一个区域,点、块、面结合,逐步铺开,在此基础之上发展节点型旅游观光景点和古街餐饮、住宿和商业的交通关系。

三是按照"整旧如故,以存其真"的理念,对必不可少的拆迁修补,做法上可学习其他成熟古城开发的经验,归纳为"迁(外迁历史街区内的工厂、大型商场、部分现代民居)、拆(拆除不协调建筑)、修(用旧材料和传统工艺修缮破旧的老街、旧屋、河岸、桥梁等)、补(对历史街区内成片的断缺空白处,按旧制用旧料补建旧建筑,以连缀整体)、饰(各类电线、管道全部地埋铺设,空调等现代设施全部遮掩)",保护古城风貌,力求原汁原味。

四是不断适时举办各类精彩的文化活动,让一场场着眼于文化传承的视听盛宴和古服、古礼、古曲与古城相得益彰。

五是如何构成历史文化的时空管廊。人们进入古城后,通过互动,从体验中融入古城。不仅是观赏,还有对以楚文化为源头的寿春文化的寻觅和怀念,能感觉到城市的历史在说话,感觉到传统文化气息弥漫在城市的每个角落。孔子说一个地方一定是:"近者悦,远者来。"近悦远来,开发后的古城不仅要使寿县当地人喜爱,也要让远道而来的客人产生浓厚的兴趣。让每一座院子、每一幢建筑、每一处景观都能深深吸引客人,在此观赏楚汉山水,凭吊魏晋战场,攀登唐宋城墙,住宿明清建筑,聆听江淮古音,享用寿春美食,"览千年沧桑变迁,做几日古城主人",在同一时空内感受两千年来各种水乳交融的文化元素。我想尤其是来自江南地区包括上海的客人会感触更深,会被古城的春申君文化、寿春文化深深吸引。

文化的力量很强大,这种强大表现为历史穿透力和实践创造力。打捞历史、保护历史、传递历史、延续历史,才有真正的未来。相信寿县各界坚持将传承传统文化与融合现代元素相结合,通过不断挖掘、整理与展示古城的文化价值,在历史和未来之间做到传承沟通、持续发展,寿春古城的开发和保护会越来越成功,寿县的明天会更加美好。

(本文选自上海安徽经济文化促进会寿县分会编印的《春申君论坛文集(第一辑)》。作者系上海电视台高级编辑,上海交大百年财富学院特聘导师)

春申君与江南文化析论

仲富兰

当今,我们以建设社会主义文化强国为追求,自觉把江南文化提升到战略资源的高度,全力打响"江南文化"品牌。我以为,用好江南文化资源,充分激发长三角文化创新创造活力,将长三角真正建成国际知名、有影响力的文化都市群,是一个重要的历史使命。要整理和搜集历史文化资源,就不能忘记古代开拓江东、治理江南的历史人物春申君黄歇。由于年代久远,史料匮乏,今人对春申君黄歇的生平事迹还是缺少足够的研究与史料佐证,有关论述还处于推测的水平,需要我们逐步深化研究,不断接近历史的本来面目。

一、关于春申君黄歇的生平事迹考量

对战国时期的政治家春申君的评价,历来是一个众说纷纭的难题,一方面是年代久远,相隔两千二百多年,史料匮乏,为我们的研究增加了难度。在两千多年前列国纷争的时代,战乱动荡,各诸侯国贵族为了应对秦国的入侵,竭力网罗各种人才,礼贤下士,广招宾客,以扩大自己的势力。其中最有名的当属魏国的信陵君魏无忌、赵国的平原君赵胜、楚国的春申君黄歇、齐国的孟尝君田文,这四个人都具有礼贤下士、广交宾客的特点,故而留下了很大的名声,被称为"战国四公子"。

"战国四公子"中,唯有春申君黄歇(前314—前238)争议较大,春申君是不是王室中人,能不能称为"公子",学界历来有不同的声音。一种观点认为,春申君姓黄名歇,应该是黄国的后代,这种观点在楚史学界的声音不小。另一种观点则认为,春申君是"王者亲属",应该是楚国王族的后裔,甚至认为春申君就是楚怀王的儿子。如果后一种观点成立,那么,春申君是"公子"无疑。

此外,就是春申君黄歇到底是哪个地方的人,他的籍贯在哪里?汉代给黄歇写列传的司马迁也搞不清楚黄歇究竟是哪里人,很笼统地说他是楚国人。楚国那么大,这么说等于没说。现在学界对于黄歇的籍贯一般认定是河南潢川。潢川,古称光州,位于河南信阳市中东部。直到1913年,光州改名潢川。其他说法也很多,有说他是江夏(今湖北江夏)人,有说他是河北沙洋人、湖南常德人、重庆巫溪人……众说歧出,不一而足,黄歇究竟是哪里人,仍需后来的学者进一步考证并确定。

关于春申君黄歇的生平事迹,按照司马迁的描述,黄歇年轻时曾四处拜师游学,见识广博且能言善辩,因此深受楚顷襄王的重用,被任命为左徒(参与国事,接待宾客和外交活动,相当于现在的外事官员)。他曾经帮助楚国说服了要攻打他们的秦国,让楚国免于灭亡的危险。而后在楚顷襄王病重之时,用计让在秦国做人质的太子熊完假扮成车夫回国顺利继位。而他也在自己的好友、担任秦相的范雎的帮助下回到楚国,做了令尹。春申君黄歇相国二十五年,前半生位极人臣,风光无限,但结局不甚美妙,在楚考烈王去世后,遭到赵人李园设计的阴谋行刺,遭遇杀身之祸,其家族也遭到李园势力的严重残害。历史上还流传着关于春申君黄歇的花边新闻,这些对于评价历史人物似乎可以忽略不计。

但即使根据《史记·春申君列传》所记史实,春申君生平事迹中的许多材料也是自相矛盾、疑点丛生的。例如说秦昭襄王派白起伐楚，黄歇给秦王上书陈述利害关系，于是秦王停止伐楚，就明显不太可信。核查历史发展的时间脉络，文中提及的一些历史事件，是在春申君死后才发生的，将此事加在已经过世的黄歇头上，难以成立。

至于黄歇"留秦十年"说，《史记·楚世家》记载黄歇陪同楚太子在秦国当了十年人质。留秦十年，是一段苦难岁月，对于一个人来说，十年并不是一个短时间，而《史记》还记载发生在公元前272年，楚"复与秦平（意为和好），而入太子为质于秦，楚使左徒侍太子于秦"。在楚顷襄王晚年，赵人虞卿来游说黄歇，希望黄歇能说服楚王和赵国合作，一同讨伐燕国。作为报答，事成之后赵国将把占领的一部分燕国土地作为黄歇的封邑，云云。这似乎也不大合乎逻辑，黄歇担任的职务是"左徒"，如同当年屈原担任过的职务，那是一个要职，楚顷襄王既然已经将太子派到秦国做人质，不至于再将作为朝廷重臣的黄歇也派过去侍奉。赵国的虞卿既然来游说黄歇，显然黄歇当时在楚国与之接洽，说明当时他能够影响楚国朝廷的决策，倘若"留秦十年"，又怎能在楚国政坛具有影响力？一种解释只能是黄歇常年在楚任职，只是和做人质的太子往来密切而已。

公元前263年夏，楚顷襄王病重，而身为人质的楚太子却不能轻易返国。当时楚太子和秦相范雎一直维持着良好关系，黄歇就亲自去秦国游说范雎，说楚王现在病重，不如放楚太子回国，这样楚太子将万分感激他，秦、楚的联盟关系也会一直持续下去；否则一旦楚国有人趁机发难，另立新君，那秦、楚的友善关系恐怕就要结束了。范雎极力向秦昭襄王禀报此事。秦王下诏："令楚太子之傅先往问楚王之疾，返而后图之。"

楚顷襄王病卒，太子继位，是为楚考烈王。这件事也许是黄歇人生中的一件大事，甚至是他一生的转折点。台湾已故学者柏杨曾经分析过春申君黄歇冒着生命危险救归楚国太子这件事，柏杨认为，这绝非黄歇为自己归楚为相创造条件,如果认为他仅仅是因为忠于太子和为了自己当宰相才以生命去冒险的话,那就贬低了他的行动的意义,而且不符合事实:第一,在中国古代,"忠君"是与"爱国"联系在一起的,春申君忠于太子是他忠于楚国的表现。第二,太子归楚,在客观上阻止了守旧宗室和贵族对王位的争夺,有利于楚国政局的稳定。第三,春申君绝不是为了自己当宰相才救归太子的,当他设计让太子逃离秦国时,他生死未卜,怎么能断言他当时有当宰相的奢望呢?第四,春申君救归太子是他上书秦王制止秦国联合韩、魏伐楚举动的继续和发展,都是其身在秦国心在楚的思想的反映。第五,太子继位为楚王后,以春申君为相,春申君以自己的才智、胆识和功劳入相,既合乎情理,也给楚国带来了希望和转机。

二、楚都寿春与春申君徙封江东

公元前 279 年,楚顷襄王在位期间,秦军攻破楚国都城,楚国迁都"陈郢";楚考烈王继位后,为了避免与强秦交锋,公元前 253 年迁都钜阳,公元前 241 年又迁都寿春。楚国曾经两次被攻破了国都,为了逃难,先后多次迁都。由此可以看出疆域最大的楚国,战国时期国力下降,已经没能力称霸于诸侯。

公元前 262 年,黄歇被楚考烈王任命为楚国令尹,封为春申君,赐给他淮北十二县的封地。十五年后,由于与齐国相邻的淮北经常发生战事,黄歇向楚王进言:"淮北地区靠近齐国,那里情势紧急,请把这个地区划为郡治理更为方便。"同时献出淮北十二个县,请求将他封到江东去。楚考烈王答应了他的请求。春申君就在吴国故都修建城堡,把它们作为自己的都邑。

在此封地十五年后,黄歇主动让出淮北封地,请封远在东海之滨的江东故吴地。《史记·春申君列传》记载:"考烈王元年,以黄歇为相,封为春申君,赐淮北地十二县。"历来有不少学者认为"春申"名号不好解释,其实,春申君为何放弃富庶的淮北之地而请封到当时属楚国东部边陲的江东之地?据《史记》载,黄歇初受封十五年后,主动言之楚王曰:"淮北地边齐,其事急,请以为郡便。"身为国相的黄歇,封地近于国都陈郢(今河南淮阳),对楚王室构成威胁,春申君为了避嫌而主动放弃淮北封地,以取得楚王的信任,至于淮北接近齐国,容易受到齐国的威胁不过是一个借口而已。黄歇及其族人在江东吴地一带经营了十年,以此为基地疏通河道,兴修水利,改造粮田,使长江三角洲的浦江地区得到良好的开发治理,受到当地人民和后世的敬仰。

历史学家童书业对"春申"做了较为详细的讨论,他说:"至于春申是不是地名呢?根据《史记正义》的说法,'四君'的称号都是'谥号',并非地名。但考《三国·吴志·孙亮传》'建兴二年……十一月,有大鸟五,见于春申'。则'春申'应为地名,但不知在何处。看'平原''信陵',也都像是地名,则'春申'是地名,似无可疑。"他在《春秋左传研究》中对"春申"作为地名的看法没有改变。既然"春申君"的名号是来自地名,那么"春申"这个地方在哪里呢?

如前所述,春秋时期的楚国一直以郢为国都,郢的位置大体上位于湖北荆州西北。公元前278年,秦大将白起攻占郢,此后楚国国都多次迁徙,最北曾以陈城(今河南淮阳,在周口附近)作了三十七年的国都。公元前241年,再迁寿春。这就是司马迁所说的"二十二年,与诸侯共伐秦,不利而去。楚东徙都寿春,命曰郢"。历史学家童书业认为,"'春申'当在淮北,为黄歇原封的都城所在地"。将"春申"地名确定在"黄歇原封的都城所在地"是有道理的。根据史学界许多学者的看法,黄歇被封为春申君,"赐淮北地十二县",其时,楚国淮北的都城一般认为是在寿春。有学者综合了史书和地方志材料,提出了寿春的初址有三说:一为寿县县址说,一为今寿县城西四十里说,一为今寿县西南四里之丰庄铺说。现在,诸位学者比较接近或者说渐趋一致的看法,认为寿县县治说较为可信。探讨它的具体方位,当在今寿县城东南,包括今县城的一部分。此外,根据《安徽建置沿革》称,"寿春邑最初是战国四君子之一的楚春申君所建的采邑""'春'字指春申君黄歇的长久采邑"。此外,综合多种史料与地方志记载,寿春多春申君活动遗址和遗迹,唐《严公贶墓志》谓严密于唐咸通四年九月卒于寿州春申坊私第,葬于寿州东二里黄公乡春申里之先垄。宋《天圣院佛会人名碑》也载寿春有春申坊、黄公乡。嘉靖《寿州志》载,"州东北五十里"有黄间山,"楚春申君尝游于此"。《太平寰宇记》也作如是记。光绪《寿州志》卷三记载,"春申台在州城内东北隅,遗址犹存,见《天下名胜志》。春申君故宅址在州治西钟楼巷,见《钟楼记》""今州治西曰西春申坊,东北曰东春申坊,北曰中春申坊"。另据《重修凤台县志》称"县东隈家店西大阜,名黄歇冢"。今此冢已在寿县城正东数公里处之赖山集发现。以上记载和地下发现说明,战国末年,春申君黄歇曾建邑并食邑寿春之事是可信的。

还是回到春申君"献淮北十二县"请封江东作为自己的都邑封地的史实上来,这里有必要说一下"江东"这个概念。大家知道,长江整体自西向东注入东海,但自九江至南京这一段却近于南北走向,古代便以此段长江为标准来确定江的东西和左右。所以江东和江左是一个概念,江西和江右是一个概念。以中原地区观之,今苏南、皖南、浙北、赣东北等地区在长江的左边,故称"江左"或"江东"。楚宣王十五年(前335),楚灭越,在吴越地区置江东郡,辖今苏南、皖东南、浙北地区。江东郡,楚考烈王十五年至二十五年(前248—前238)为春申君黄歇封地。楚考烈王二十二年,又改称吴郡(今苏州市)。秦王政二十五年,秦灭楚,在江东郡置会稽郡,仍治吴。顾炎武《日知录》"江西广东广西"条下说:"盖大江自历阳斜北下京口,故有东西之名。"历阳即今天的安徽和县(2011年,和县拆分,分别划到马鞍山市和芜湖

春申君庙

市），京口即今天的江苏镇江。从和县到镇江的长江先是西南—东北流向，接着是向东流，这一段长江以东以南为江东，以西以北为江西。所以史书上最初提到的"江东"和"江西"是一个自然地理概念，并不是政区的概念。"江东"只作为地域名称存在，但隋朝后慢慢被"江南"代替。

《史记》记载春申君"请封于江东"，一般认为"江东"就是今天所指狭义的江南。江南，各时代的含义有所不同：春秋、战国、秦、汉时指今湖北的长江以南部分和湖南、江西一带；近代专指今苏南和浙北一带。而追溯到战国时代，春申君的影响可谓绵延不绝。春申君为治理吴地做出了巨大贡献，苏州人民为了纪念他的功德，在苏州城内建有春申君庙。

三、春申君黄歇经略江东，泽被后世

公元前306年，楚趁越内乱设江东郡于吴墟。公元前250年，楚考烈王攻破会稽，末代越国君主逃入会稽山，不知所终。从此，越人离开了苏南浙

北的鱼米之乡,进入浙南和福建,建立瓯越国和闽越国;春申君黄歇既得古吴江东郡为封地,他不仅仅坐镇食邑,而且倾其全力经略江东。公元前248年,春申君重建姑苏城,四十多年后,项羽以八千江东子弟起兵并实现"亡秦必楚"的预言,越国故地终于彻底在文化上被楚国所取代。

江东郡是鱼米之乡,富饶之邦,然而历经吴越争霸的连年战火,又惨遭楚军征战杀戮,已是满目疮痍,百业俱毁。于是,黄歇招募天下才俊来帮扶治理,大力鼎兴经济。黄歇视察江东郡,见郡城以东的"平原广泽"满是水患,便征发吴地民众四万余丁,疏浚春申浦。历时两年,终使泖湖谷水经春申浦泄流入海。后人为纪念春申君的治水功德,而名之为春申浦。吴郡太守奏请重修了这处"春申庙",并且撰写了《新修春申君庙记》。唐代诗人张继曾经作了一首《春申君祠》诗:

> 春申祠宇空山里,古柏阴阴石泉水。
>
> 日暮江南无主人,弥令过客思公子。
>
> 萧条寒景傍山村,寂寞谁知楚相尊。
>
> 当时珠履三千客,赵使怀惭不敢言。

诗人张继一定到过这个寺庙,否则就不会有千古传诵的诗歌。因为缺少系统的史料,我们综合江南一带祭祀春申君黄歇的零星材料,可以看到,春申君在江东,尤其是苏南、浙北这一带影响力非同寻常。《越绝书》记载春申君在吴地(今天苏州一带)兴修水利,赢得当地民众的尊重。大约从唐代起,苏州信奉春申君的习俗就影响了当时苏州的属地上海,至今苏州和上海都祭祀春申君。

我初步归纳了一下春申君经略江东,对江南文化的影响,主要表现在:开疆拓土,修筑城池;抑制水患,疏通河道;文化遗存,泽被后世。略述如下:

开疆拓土,修筑城池。在临近上海的浙江湖州,有"下菰长烟"之景,为"吴兴八景"之一。下菰就是城南的先秦遗址下菰城。下菰城突兀于地表之上,十分引人注目,所以历代地方文献对它都有零星记载,有学者认为它是一座与战国末期楚相春申君黄歇有关的古城址,是春申君所设菰城县旧址。宋、明、清各朝方志都持此说,"春申君黄歇于吴墟西南立菰城县,青楼连延十里",又云"废菰城县在州南二十五里,《郡国志》云:春申君立菰城县""乌程县,县治即《郡国志》所谓春申君置菰城县也,见《旧图经》,城内又有子城,见旧编,重城屹然,工役甚固"。下菰城位于吴兴区道场乡的菰城村,村因遗址得名。下菰城坐落在一个自北向南倾斜的山坡上,有着背山面水的优越地理环境,背倚和尚山,东北靠近金盖山,西北方向是连绵不断的山峦,东南方向有东苕溪自南而北蜿蜒漫流而来,湖漾密布,港汊纵横,地势低洼,是典型的湿地景观。宋苏洞《苕溪杂兴》云:"斜风细雨转船头,夜半波平带月流。行到下菰城畔望,水晶宫阙是湖州。"湿地盛产菰草,"城面溪泽,菰草弥漫",因而得名下菰城。菰草是茭白的雅称。下菰城遗址位于浙江省湖州市城区道场乡,建于春秋战国时期,是楚国春申君黄歇的封地。

下菰城城垣可分内外两重,内城居于外城东南角,面积约十六万平方米。内、外城垣外侧还有三十米宽的壕沟。城垣均为泥土夯筑而成,现存内、外城垣各有阙口多处,有的可能为城门址。下菰城内城门口现新建了一道纪念墙,上面铭刻下菰城主要历史。下菰城遗址是浙江省现存规模最大、保存最好的先秦古城址,对其进行发掘和研究,对研究先秦历史提供珍贵的实物资料,2001 年被列入全国重点文物保护单位。也有说下菰城是春申君伐吴时所筑屯兵之地。明代就有学者记录:"今所谓下菰城者,盖春申伐吴时筑垒屯驻之处……又按:春秋楚子重伐吴,克鸠兹至于衡山,今下菰城正在衡山之南,其为屯驻之处无疑矣。"清人郑元庆也说:"吾意下菰城者,或春申君伐吴时屯驻之处。"这些记述给我们对春申君修筑下菰城增加了可信性。

抑制水患,疏通河道。《越绝书》记载,他在吴地兴修水利,当地人对他很尊重。当年楚封春申君黄歇于吴,曾于无锡筑黄城。20世纪20年代筑路,在这里发现一块桥石,上镌有"黄城永安桥"字样,看来这是黄城的唯一见证了。今天江阴市有春申君祠、春申墓,江阴市君山也叫黄山。他兴修水利,造福一方。北塘吴桥向东不足百米之处,宽阔的河中有一处绿洲,垂柳映粉墙,高阁锁烟雨,这就是京杭大运河无锡段中运河明珠——黄埠墩。

古运河吴桥这一段开阔处,旧时原为古芙蓉湖,黄埠墩为其小岛,据《越绝书》记载,"春申君时,立无锡塘,治无锡湖"。黄歇曾扎营墩上,后人从此把该墩称呼为"黄埠墩"。唐宋以来,黄埠墩就成为无锡运河中一处胜迹。楚考烈王十五年(前248),春申君封于江东郡,经营十余载,以"故吴墟"(无锡城中崇安寺北的白水荡一带)为邑,重修城郭,兴修水利,溉田排涝,开发农桑,开辟交通,繁荣"吴市"。春申君黄歇大概是治理和开发古芙蓉湖的先驱者,或说第一人。他"立无锡塘,治无锡湖",声势浩大,名垂青史。在江尾海头的江阴,他开凿了申浦河、黄田港。江阴城乡的许多地名,因为慕其英名而纪念,如君山、黄山、黄田港、申港、春申中学等。在苏州期间,他修城池,治水利,为苏州人民办了不少好事。其中尤以黄埭最为有名,挖塘筑堤,疏通河道,黄埭从此水土丰饶,民聚物阜,成为苏州的一个重镇。

文化遗存,泽被后世。春申君黄歇于楚考烈王十五年(前248)改封江东,受封于吴地的十年间,致力于封地的开发和治理,除了在吴国废墟上垒建城郭,营造宫室外,他在江南一带开河治水,修筑道路,发展经济。江阴至今还有"季子采邑、春申旧封"的说法。在江阴,春申君把水利建设与田地垦辟结合起来,在湖荡地段进行较大范围的围田垦殖,既便利了农田灌排,改善了耕作条件,促进了农业生产,又发展了交通运输。由于灌溉问题得以解决,许多荒地被开垦为良田,从而使当地百姓能够安居乐业。邑志中曾记载:"黄田港系春申君开以溉田,故名。"清代顾祖禹也在他所著的《读史方舆纪要》一书中写道:"申浦,县西三十里,一名申港。相传春申君所开,导江南流,置田,为上下屯。"继吴季札之后,春申君黄歇成为又一位开发江阴、传播中华古文明的先贤。

最后说到春申君黄歇与上海的关系,熊月之主编的《上海通史》说:"至楚考烈王继位,以黄歇为令尹。黄歇初封淮北地,后改于吴。黄歇就是历史上著名的春申君。上海别称'申',说来便与春申君有关。春申君父子前后治吴凡十四年,有所政绩。黄浦江相传为春申君开凿,故又称春申浦。"

黄歇封地从淮北迁至江南,以吴郡为首邑,上海一带在他的领地之内。于是上海便有"申"的别称,春申君就此也与上海古代历史发生了关系,后人以"申"或"春申"作为上海的代称,可能源于此。至于黄歇与黄浦江的开凿,却只能是民间传说。因为年代上落差太大,黄浦江的大规模开凿是在明代永乐年间,而非战国时代。也许,黄歇在其封地有过治水业绩,但只是小河流的疏浚,与开凿黄浦江的盛举不可同日而语。

宋单锷《吴中水利书》中有"春申浦"(今闵行区有"春申塘",又名莘村塘)的记载,西起蟠龙塘,经莘庄入黄浦江。传说就是越"传"越走样,春申君为了水运畅通,曾疏通与吴淞江连接的一条河道,便冠以黄歇命名"春申江",后简称"申江",再传下去,转而成为春申君开凿"黄浦江"了。

南北朝《水经注》、唐代《元和郡县志》、宋代《太平寰宇记》等重要典籍均无"黄浦"记载,假如战国末期的春申君黄歇曾开凿过黄歇浦(或春申塘),为什么在一些历史水利文献中却丝毫没有踪影,甚至连传闻或逸事都不见记载?《云间志》中也未见记载。据褚绍唐先生考证:"黄浦"之名,始见于南宋绍兴二十八年(1158),高子凤为西林(今浦东三林塘之西)南积教寺所作的碑记;一直到元代任仁发(1254—1327)的《水利书》中,才载有"黄浦江"之名。

最先把黄浦江同春申君黄歇挂上号的，是明《弘治上海志》中引用了御史冯允中的一首诗：

> 黄歇江头晓问津，东风初转浪花新。
>
> 数声寒雁余霜后，半日荒城到海滨。

这首诗开黄歇与黄浦传说之先河。可以说，将黄浦江看成是春申君所开凿，乃是后人的附会所致。尽管如此，这并不妨碍上海以古代所在地域"申"作为代表，也不妨碍春申君黄歇与上海的联系。清代曾经有许多文人墨客撰写诗文，如李行南的《申江竹枝词》及后来的《申江十景》（1828）、《申江十美》（1858 年载《淞隐漫录》）和《申报》（1872）等广为流传，已历两百余年，遂为上海的别称。

上海别称"申"，说来便与春申君有关。春申君父子前后治吴凡十四年，有所政绩。相传战国末年，春申君轻车简从，巡察封地民情。据说春申君曾经来到江东郡东部沿海地区，不忍心封邑内的民众饱受水涝灾害之苦，便督率随从和当地民众，开掘了一条几十里长的河道。这是传说，还需要仔细地钩沉史料来佐证。但历史上有功于民众的人，民众也会记住他，上海有小河流称为"春申浦"或"春申塘"的并不鲜见。在上海及其周边的长江三角洲地区，与春申君黄歇有关的历史文化遗存，如黄歇浦、申江、春申江、黄浦区、春申路、春申村等地名遗迹，都是为纪念这位开"申"之祖而命名的。

明代万历朝青浦县令屠隆，曾有《云间十咏》诗。其中吟咏《春申浦》曰：

> 嶷嶷楚王孙，遗迹在洪源。
>
> 花朗妖姬映，溪虚野炊繁。

空名青史挂,老树白云屯。

气折嚎华尽,千秋恨李园。

可见,春申君泽被后世,影响力巨大,成为江南地区,特别是长江三角洲地区共同的文化遗产,应该将他作为苏浙沪皖地区人民重要的文化资源,而永志纪念。

(本文选自上海安徽经济文化促进会寿县分会编印的《春申君论坛文集(第一辑)》。作者系上海市民俗文化学会会长,华东师范大学教授、博导)

江东文化与长三角的一体化

李万进

在中国先秦历史上,楚国的春申君请封江东是一个较为有名的历史事件。尽管现存的各种典籍、资料,对于春申君请封江东这一历史事件的记载极为简略与含混,但春申君请封江东之后,从维护自我封地利益的角度出发,在江东地区进行了一系列的治理活动,从而进一步推进了江东地区经济与文化的发展,是世所公认的。因此,江东不仅仅是一个地域的名称,也逐渐形成了江东文化。

春申君之后的两千多年间,江东地域的经济与文化都有了长足的发展。三国时期,吴国的统治集团就是依靠江东人士的支持,从而建立了几十年的吴国政权。之后两晋南北朝时期,由于中原战乱以及政权更替频繁,江东成为一个相对稳定的区域,从而进一步推动了经济与文化的发展。这时,江南这个概念开始出现,江东与江南由此逐渐成为一体。隋唐以至宋元明清的一千多年间,江南这一概念成为涵盖江东的名称。江东时期,这一地域的经济与文化,还不足以与中原抗衡。到了江南时期,这一地域的经济与文化则有了充分的发展,逐渐与中原相抗衡,并在明清时期成为国家经济与税收的中心地域。从历史的发展来看,春申君治理江东,奠定了后来江东向江南转变的基础。春申君之后经过近两千年的发展,最终形成了江南的格局。

20 世纪 80 年代,中国大地兴起了一次巨大的改革开放的潮流。特别是进入 21 世纪之后,在原来江南地域的基础上,又出现了长江三角洲的概念,即长三角。长三角无论是从地域上还是从经济、文化的传承上,与江东、江南都有着不解之缘。因此,在探讨长三角一体化的问题时,要从历史与文化的演变与传承中,去寻觅江东文化、江南文化与长三角的密切关系。

一、春申君请封江东奠定了长三角的历史基础

通过两千多年的历史可以看到,自春申君请封与治理江东开始,江东不仅仅是一个地域的名称,还逐渐被赋予了历史文化的意义。此后江东逐渐被江南这一名称所替代,并延续至今。而长江三角洲的提法,是改革开放之后才兴起的。提出这一概念,最早是出于经济发展的目的。也就是说,两千多年历史的发展,江东—江南—长三角可以被视为历史发展的一种传承,这种传承正是从江东这一概念中逐渐发展与演变出来的,因此江东是江南、长三角的历史雏形,奠定了今日长三角的历史基础。

从历史名称的发展与演变来看,春申君在两千多年前请封江东以及治理江东是一个历史事件,由此江东成为一个历史名称。春申君之后,江东这一名称得以延续。三国时期吴国统治的地域,就被称为江东势力的范围。随着魏晋南北朝时期北方统治集团的南迁,江东这一地域的经济与文化有了长足的发展,这时已经出现了江南这一历史名称。特别是经历了隋唐宋元明清一千多年的发展,江南这一历史名称逐渐取代了江东。到了近代,特别是随着大都会城市上海的兴起,江南的称呼也逐渐成为历史,长江经济带的名称呼之欲出。历史的车轮发展到 20 世纪 80 年代,随着改革开放的深入发展,特别是 21 世纪中国经济的迅猛增长,长江三角洲的提法正式产生,这标志着江南这一称呼也成为历史。通过两千多年的历史发展来看,从江东到江南,再到长江三角洲,这一区域的历史名称尽管有所变化,但是都可

以溯源到春申君请封与治理江东这一最初的历史事件。

从历史来看,春申君当年治理江东时采取了一系列的措施,由此促进了江东地区的经济发展。这表明,长三角格局的规划与提出,在当时主要是从地理区域位置以及经济发展的角度考虑,这与春申君两千多年前治理江东的措施,以及促进经济的发展,显然是一致的。春申君治理江东,促进了之后两千多年这一区域经济的发展,今日长三角就是在继承江东、江南的区域优势的基础上,逐渐打开局面,开创了一片大好的经济发展的格局。

二、长三角一体化的理念在于江东文化

长三角经过四十余年的发展,其经济在全国占有极其重要的地位。近年来,随着文化软实力这一概念的提出,如何从经济的发展转型到精神建设,成为一些经济高度发展的沿海城市关注的焦点。因为国家综合实力之中就包含了文化软实力这一内容,这样在经历了经济的高度发展之后,需要在文化领域予以提升。从这一角度而言,长三角由于具有两千多年的历史积淀,因此完全可以在文化领域形成自我的特色。

长三角这一概念的提出,当时更多是基于地域、区域以及经济体的角度来考虑的,这在当时有利于促进这一区域的经济发展。经过四十余年的长足发展,长三角的经济体量在全国举足轻重,这也是有目共睹的事实。在长三角经济体量有了长足的发展之后,国家进一步提出了长三角一体化的概念,以此来进一步加强这一地区的融合。从历史上来看,两千多年前,春申君请封与治理江东时,只是局限于相对较小的区域,而今天长三角一体化的提出,则与现代科技与经济高速发展的社会背景密切相关,这是两千多年前春申君治理江东时不曾有过的历史机遇。

长三角一体化概念的提出,既有地域与地缘的原因,也有经济统筹发展

的考虑。从四十余年的发展来看,由于长三角在地域与地缘上存在着紧密的联系,因此经济领域的一体化、城镇建设的一体化,已经得以实现。特别是进入 21 世纪之后,全国高速公路与高速铁路的建设,已经在地缘上将长三角的各个城市与地区连为一体。从科技与经济以及社会发展的速度来看,两千多年前春申君治理江东的历史,与今日长三角一体化的进程不可同日而语,因为长三角的规模与发展的速度都是两千多年前春申君的时代不可想象的。也就是说,春申君当时治理江东的规模,根本无法与今天长三角的一体化相提并论。春申君治理江东,其经济以及社会的影响,都无法与今日长三角在全国的地位相比较。

不过,随着时代的发展与变迁,时至今日,人们在认识与评估一个国家的发展时,提出了综合国力这一概念,并认识到了文化软实力在综合国力中的重要地位。文化软实力、综合国力等概念,也是近十几年来我们国家发展战略中十分重视的内容,这关系到国家发展战略的转型。在这种背景之下,长三角的一体化,除了地缘的一体以及经济的一体之外,还需要考虑长三角地区历史文化的一体化发展的问题。从历史文化的角度而言,长三角的文化可以追溯到春申君治理江东这一历史事件,以及由此衍生出的江东文化与江南文化。

从历史上来看,在秦统一六国之后的两千多年间,中国形成了大一统的国家。在天下一统的国家治理中,各个地区与地域在社会机制的交流与融合方面,不存在较大的隔阂与不便,这也就是春申君开启的江东这一小范围的地域,能够扩展到后来的江南的地域乃至于今日的长三角城市群的原因所在。除了大一统的社会机制层面,保证了今日长三角能够实现一体化的原因外,这一区域内两千多年文化的认同感与归宿感,也是促使长三角能够深入一体化的原因。经济长足发展之后,就会走向精神与文化的层次,这也是国家治理理念的一个重要内容。所以,长三角的一体化不能局限于地缘与经济的层面,还要指向文化的层面。追根溯源,长三角文化层面的一体化则与两千多年前的江东文化,以及由此衍生出的江南文化有着历史的渊源。这种文化层面的历史渊源,是能够形成长三角进一步一体化的共识。

三、以文化为载体促进长三角一体化的融合进程

从江东文化到江南文化,再到长三角的一体化,这是春申君两千多年前治理江东之后,这一区域内历史发展的进程。经过两千多年的发展,这一区域内形成了人们关注的江南文化。不过,在江南文化这一大的范围之中,还有各种小的文化群体。

从江东文化到江南文化,再到今日长三角的区域发展格局,回顾这一区域两千多年的历史可以看到,今日的长江三角洲城市群的地域文化包含了海派文化、金陵文化、吴越文化、淮扬文化、徽文化、皖江文化。这些文化群涉及浙江、江苏、安徽三省与上海市,时间跨度两千多年。在这些文化群中,以上海为主体的海派文化,是随着近现代社会的发展而形成的文化,这体现出中西文化交流的特征。其他文化则具有悠久的历史传统。尽管长三角区域内的这些文化群有着各自的特色,但在总体的特征上则与江南文化有着密切的历史渊源。而江南文化又是由江东文化衍生与发展而成的,所以这些文化群又与江东文化有着不可分割的关系。也就是说,今日长三角城市群所包含的这些文化群,由于可以纳入江南文化与江东文化之中,这种文化历史源头的共同体,更能够促进长三角区域的一体化进程。放眼世界,欧盟的建立是今日世界的一件大事。欧盟之所以能够建立,除了欧洲各国经济与地缘可以实现一体化的原因外,欧洲各国在文化领域的相同性与相似性,也是促使欧洲各国最终实现融为一体从而建立欧盟的重要原因。以此为借鉴,长三角区域内文化的共同性,也应该成为加强与促进长三角城市群一体

化的重要因素。

因为地缘与经济的密切关系，从而形成了长三角地域的一体化，这是从较为现实的层面考虑的结果，这也是当年提出与规划长三角一体化的初衷。随着经济的不断发展，长三角区域内各个城市之间互通有无，并形成了经济链条上的一体化格局。不过，要在多层面将长三角一体化的格局予以深化，就要从历史文化中去寻求一体化的共识，这样更有利于长三角一体化的发展。因为地缘与经济都是基于人群之间的交往与融合而展开的，如果在人群的文化观念上没有共识，那么就有可能出现城市群之间的隔阂。因此，文化的认同感与归宿感，可以进一步促进长三角城市群之间的交流与融合，真正实现这一区域内的一体化。

在认同江东文化到江南文化的基础上，长三角区域内的各种文化群可以开展相应的交流与融合，以此来加强这一区域内人群的情感。不仅仅是长三角这一区域，可以说整个中华民族都存在着文化的认同感与归宿感，这也是中华文明能够延续几千年的关键所在。地缘与经济固然是增进区域内一体化的重要原因，但如果没有了文化的认同感与归宿感，那么区域的一体化很难有持续与深入的发展，更谈不上推进区域内各个领域的融合。这样，长三角区域内的一体化，在发展到一定的阶段之后需要突破瓶颈，而要突破这一瓶颈，就需要在历史与文化上具有共识，有一种认同感与归宿感。两千多年前春申君治理江东而开启的江东文化，以及由此演变而成的江南文化，应该成为今日长三角一体化精神层面的归宿。

（本文选自上海安徽经济文化促进会寿县分会编印的《春申君论坛文集（第二辑）》。作者系历史学博士，四川师范大学文理学院教授）

春申君黄歇及其后继者

周光凡

正如任何一项事业的发展都必然有其奠基人一样,任何一个地方的发展也都必然有其开拓者。上海,这个百年前的远东国际化大都市,当今中国的第一大城市,也有其奠基人和开拓者,这个人就是"战国四公子"之一的春申君黄歇。

要谈论春申君黄歇对上海的贡献和意义,以及其后继者对其伟大开拓事业的继承和发展,我们先来了解下面这首《上海歌谣》:

战国春申君,开凿黄浦江。

上海别称申,原来有名堂。

三国有东吴,孙权孝父母。

始建龙华寺,弥勒面慈祥。

唐有沪渎港,华亭鹤飞翔。

上海简称沪,还是有名堂。

松江黄道婆,年少走远方。

归来教织锦,后世美名扬。

探花归徐阶,文魁归有光。

小窗陈继儒,书画董其昌。

尚书徐光启,徐汇天主堂。

云间结几社,陈夏担纲常。

五口齐通商,外滩起洋行。

乐园多冒险,杂处聚华洋。

先施销金窟,永安秀霓裳。

顾客是上帝,购物成天堂。

百川归大海,包容纳四方。

绵里藏针刺,不屈在四行。

缘起兴业路,租界一夜亡。

中华英雄在,涅槃如凤凰。

这首歌谣里的"小窗"指的是陈继儒的《小窗幽记》。陈继儒系明朝松江府华亭县人。"陈夏"指松江府华亭县人陈子龙及其同乡夏允彝、夏完淳父子,也代指以陈子龙和夏家父子为代表的晚明民间抗清义士。

这首歌谣由十首五言绝句组成,选取历朝历代对上海的开拓和发展具有重大和特殊意义的古圣先贤,将其最具代表性的事迹写入诗歌,勾勒出春申君及其后继者为上海这座城市的开拓和发展所做出的历史贡献。

一

先来看第一首:战国春申君,开凿黄浦江。上海别称申,原来有名堂。

上海的文明集中显现在黄浦江两岸。黄浦江是历史上最早人工修凿疏浚的河流之一。上海这地方原来是一片沼泽地,其中蜿蜒流淌着一条浅河,雨水多了就泛滥成灾,雨水少了又河底朝天,人们咒之为"断头河"。后来战国时楚国令尹黄歇带领百姓疏浚治理黄浦江,使之直入长江,直泻大海。

人们感激黄歇的恩德,将这条江称作黄歇江,简称黄浦。"浦"是古吴语中河的意思,一般多指人工河。因黄歇被封为春申君,黄歇江又名春申江。

上海外滩黄浦江

春申君黄歇(约前314—前238),黄国(今河南潢川)人,与魏国信陵君魏无忌、赵国平原君赵胜、齐国孟尝君田文并称"战国四公子"。楚考烈王元年(前262),以黄歇为相,赐淮河以北十二县,封春申君。公元前248年,春申君请求楚考烈王把江东作为自己的新封邑,楚考烈王同意了。黄歇开始开发江东,他一心"治水入江""导流入海",主持疏浚东江、娄江、吴淞江,也疏浚了今天的黄浦江,使今天苏州、无锡、上海等地免受水患。如今江南一带江阴申港、黄田港,吴兴黄浦,无锡春申涧都以"黄"或"申"命名。

将近两千年后的1925年,上海滩闻人杜月笙出任法租界商会总联合会主席,兼纳税华人会监察。因杜月笙善待下台总统黎元洪,黎元洪派人送杜月笙一副对联"春申门下三千客,小杜城南五尺天",赞杜月笙为"当代春申君"。可见两千年后,春申君仍然为上海人缅怀。

二

再来看第二首:三国有东吴,孙权孝父母。始建龙华寺,弥勒面慈祥。

相传上海地区历史最悠久的寺庙龙华寺是三国时期孙权于公元 242 年为孝敬其母所建,并根据佛经中弥勒菩萨在龙华树下悟道成佛的典故而命名。龙华寺为弥勒道场,有两尊弥勒塑像,天王殿供的是弥勒佛,弥勒殿供的是化身像,俗称"布袋和尚"。"龙华晚钟"为明清时期"沪城八景"之一。从 1991 年起,每年元旦前夕,龙华寺都举行迎新年撞晚钟活动。2006 年,上海地区保存最完善的古塔龙华塔作为宋代古建筑被国务院批准列入第六批全国重点保护文物。

五代时的一位高僧布袋和尚被认为是弥勒佛的化身。布袋和尚,名契此,号长汀子。据说他常用僧杖背负一只布袋走街串巷,因此被称为布袋和尚。他肚皮很大,笑口常开,佯狂疯癫,出语无定,随遇而安,逍遥自在。中国佛寺里的大肚弥勒佛即为布袋和尚造像,弥勒佛像旁常有楹联:大肚能容,容天下难容之事;慈颜常笑,笑世间可笑之人。布袋和尚还是一位禅诗高手,他有这么一首插秧偈:

手捏青苗种福田,低头便见水中天。

六根清净方成稻,退后原来是向前。

据传布袋和尚圆寂时说:"弥勒真弥勒,分身千百亿。时时示时人,时人自不识。"传说他是在农历三月初三圆寂的,所以每到这一天,龙华寺周围都会举办庙会。龙华庙会是上海人春游的一个好去处。而孙权兴建龙华寺,则继承了春申君黄歇建设黄浦江两岸的事业,首次向上海地区引进佛教文化,使黄浦江两岸的黎民百姓和春申君后人多了一份精神世界的慰藉。

三

再来看第三首:唐有沪渎港,华亭鹤飞翔。上海简称沪,还是有名堂。

唐玄宗天宝年间,今上海地区快速发展,于是从昆山、嘉兴、海盐三县划出部分地区设立华亭县,归苏州管理,这是在上海地区建立的第一个县。

当时吴淞江下游两岸渔民创制了捕鱼蟹的工具"扈",后"扈"演变为"沪"。古时称江河独流入海为"渎"。当时还没有上海这个地名,这一带被称为"沪渎",这是上海简称"沪"的由来。

当时苏州是国内贸易中心城市,地位超过杭州。华亭因地处吴淞江水运要道而商旅云集,当时的青龙镇是华亭大镇,而青龙镇港(沪渎港)作为苏州的通海门户和上海地区最早的河口海港也正式形成,成为海上交通枢纽和对北方转口贸易集散中心。杜甫诗句"吴门转粟帛,泛海陵蓬莱"反映了苏州一带货物经吴淞江和沪渎港北运的情景。后来由于河道变迁和海岸线延伸,青龙镇港逐渐变为内河港口,其地位被北宋年间兴起的十八大浦取代。宋朝时的上海地区有十八大浦,其中一条叫上海浦,在今外滩至十六铺的黄浦江中,它的西岸有个上海镇,这可能就是"上海"名称的由来。

歌谣中的"华亭鹤飞翔"则涉及西晋时的一个故事。三国大将陆逊的孙子——上海松江吴郡吴县华亭人陆机(261—303)为西晋时期的名士,他"少有奇才,文章冠世",擅长书法,其《平复帖》是中国存世年代最久的名人书法真迹。吴亡后,陆机出仕西晋,来到洛阳,倾动一时,历任太傅祭酒、吴国郎中令、著作郎等职,与贾谧等结为"金谷二十四友"。陆机后依成都王司马颖,任平原内史,世称"陆平原",因兵败遭谗遇害,被夷三族。死前他苦笑悲叹:"欲闻华亭鹤唳,可复得乎?"

陆机有一幅传世墨宝《平复帖》，是中国最古老的书法真迹，距今已有一千七百多年历史。《平复帖》的出现比王羲之的《兰亭序》还早几十年。1937 年，收藏家张伯驹以四万大洋从溥心畬手里买下此帖。张伯驹为收购中国古董书画几乎卖掉家中所有值钱的东西乃至房产。他自己说："黄金易得，国宝无二。我买它们不是为了钱，是怕它们流落外国。所以我从三十岁到六十岁，一直收藏字画名迹。目的也一直明确，那就是我在自己的书画录里写下的一句话——'予所收藏，不必终予身为予有，但使永存吾土，世传有绪，则予为是录之所愿也。'"

张伯驹舍命护宝的精神完全继承了"战国四公子"春申君黄歇为民请命的精神，具有鲜明的个人英雄主义色彩。

四

再来看第四首：松江黄道婆，年少走远方。归来教织锦，后世美名扬。

黄道婆（1245—1330），又名黄婆或黄母，松江府乌泥泾镇（今上海市徐汇区华泾镇）人，宋末元初著名的棉纺织家、技术改革家。对黄道婆，后人仅知其姓，不知其名，一种说法是她十二三岁就被卖给人家当童养媳，从早到晚辛苦劳动，还要遭受公婆、丈夫的虐待。一天半夜，她在房顶上掏了个洞，逃出家门，躲进一条停泊在黄浦江边的海船上，被带到崖州（今海南黎族苗族自治州崖县）。她以道观为家，劳动、生活在黎族姐妹中间，并从黎族人那里学会了运用先进工具织被的方法。

黎族地区植棉早于江南，在汉代已会织布，唐宋时期其棉纺织和印染技术已达到很高水平，能用色织和提花工艺织出俗称"崖州锦"的黎锦，又称黎锦被，色彩斑斓，图案生动，在元代就被列为贡品。黄道婆在崖州生活了二三十年后返回故乡，毫无保留地向家乡妇女传授错纱、配色、综线、擎花的方法,织出折枝、团凤、棋局、字样等漂亮图案,直至把自己赖以谋生的崖州被提花印染工艺也贡献出来,并在此基础上创造出精美华贵、具有江南地方特色的"乌泥泾被"。

纺织技术的改进使上海成为元朝时中国最大的棉纺织业中心。1277年,元朝将原华亭县升格为华亭府,因境内有吴淞江,翌年改名为松江府,同时在上海镇设立市舶司管理水运。

当时北方的元王朝很依赖江南供应物资,因为大运河时常堵塞,元朝廷便把目光投向海上航线。当时上海镇已成巨镇,朝廷又在此设立官方粮仓,上海镇的地位日益重要。

1292年,上海县正式设立,有居民七万多户。随着航运事业的日益发达,江南一带开始有人私造大船出海,与琉球、日本等地民众通商。

在清代的时候,黄道婆被尊为布业的始祖,受到百姓敬仰。今徐汇区华泾镇黄道婆墓东侧有黄道婆纪念馆。

可以说,黄道婆正是春申君的另一个化身,是对黄浦江两岸普通民众的生活产生直接影响的历史人物。

五

再来看第五首:探花归徐阶,文魁归有光。小窗陈继儒,书画董其昌。

在春申君开拓精神的哺育下,上海地区在明清时期出现了文化兴盛的局面,涌现出一大批学有所成的读书人和艺有专精的艺术家,有的读书人还官至宰辅,位极人臣。像徐阶、归有光、陈继儒、董其昌、徐光启、陈子龙、夏允彝、夏完淳等人便是其中的佼佼者。

徐阶(1503—1583),明松江府华亭县人(今上海松江),王阳明心学传人,嘉靖二年(1523)以探花及第,授翰林院编修,后升任礼部尚书,兼文渊阁大学士。严嵩为首辅时,他和严嵩一起在朝十多年,谨慎以待。倭寇蹂躏东南,侵扰松江,徐阶力主发兵平乱。后徐阶以高超的智慧扳倒严嵩父子,取代严嵩成为内阁首辅。他在任期中提拔张居正,张居正因此得以施展抱负,成为一代名臣。

归有光(1506—1571),别号震川,自号项脊生,昆山(今江苏昆山)人,后徙居嘉定(今上海嘉定),明代散文家、文学家、古文大家,嘉靖进士,官至南京太仆寺丞。归有光是"唐宋八大家"与清代"桐城派"之间的桥梁,与王慎中、唐顺之、茅坤并称为"唐宋派"。其文被誉为"明文第一",有"今之欧阳修"美誉,世称"震川先生"。归有光幼年丧母,青年丧妻,科场八次落第,历经家道衰落和叔伯不睦的挫折,但这些都不妨碍他自我涵养浩然正气。

归有光的《项脊轩志》是古文名篇,读之感人至深:……余自束发,读书轩中。一日,大母过余曰:"吾儿,久不见若影,何竟日默默在此,大类女郎也?"比去,以手阖门,自语曰:"吾家读书久不效,儿之成,则可待乎!"顷之,持一象笏至,曰:"此吾祖太常公宣德间执此以朝,他日汝当用之!"瞻顾遗迹,如在昨日,令人长号不自禁。……

陈继儒(1558—1639),字仲醇,松江华亭(今上海松江)人,明朝文学家、书画家。他诸生出身,二十九岁开始隐居在小昆山,后居东佘山,关门著述,工诗善文。他建庙祀二陆(陆机、陆云),乞取四方名花,广植堂前,言:"我贫,以此娱二先生。"皇诏屡次征用,他皆以疾辞。陈继儒书法学习苏轼和米芾,兼能绘事,擅长墨梅、山水,画梅多册页小幅,自然随意,意态萧疏;论画倡导文人画,持南北宗论,赞同书画同源;有《梅花册》《云山卷》等传世,代表作有《小窗幽记》《妮古录》等。

董其昌(1555—1636),松江华亭(今上海闵行马桥)人,明代书画家,万历十七年(1589)进士,授翰林院编修,官至南京礼部尚书。董其昌擅画山水,倡南北宗论,为"华亭画派"杰出代表。其画及画论对明末清初画坛影响甚大。他的书法出入晋唐，自成一格，能诗文。董其昌十七岁时参加松江府会考，自以为可夺魁，谁知发榜时竟屈居堂侄董原正之下，原因是知府嫌他字写得差，文章虽好，只能屈居第二。此事使董其昌深受刺激，从此他发愤学习书法，一开始以颜真卿《多宝塔帖》为临摹范本，后临摹钟繇、王羲之法帖，经过十多年刻苦努力，终成书画大家。

六

再来看第六首：尚书徐光启，徐汇天主堂。云间结几社，陈夏担纲常。第六首是接着第五首的意思往下说的。

徐光启（1562—1633）生于上海县，万历年间进士，官至礼部尚书、太子太保兼文渊阁大学士。徐光启自学农学，潜心农业科学试验，编撰《农政全书》。他向意大利传教士利玛窦学习西方天文、历算、火器知识，认识到数学理论是数学应用的基础，振兴科学需要普及数学，说服利玛窦翻译欧几里得的《几何原本》，奠定中国近代科学技术第一块基石。徐光启在翻译中创造的点、线、面、平行线、直角、锐角等名词沿用至今。徐光启期望以天主教精神补救儒学与佛学的不足，挽救世道人心。近代上海成为引进和传播西方科学的桥梁，其渊源可以追溯到徐光启。今徐家汇南丹路辟有光启公园，园内徐光启墓1983年被国务院列为全国重点文物保护单位。

陈子龙（1608—1647），明末诗人、词人、散文家，生于松江华亭，崇祯十年（1637）进士，论功擢兵科给事中，命甫下而明亡，继而任南明弘光朝廷兵科给事中。清兵陷南京，他和太湖民间武装联络，开展抗清活动，事败后被捕，永历元年（1647）投水殉国。

夏允彝（1596—1645），松江华亭人，夏完淳之父，万历四十六年（1618）举人，曾任福建长乐县知县。崇祯初年，与同郡陈子龙等人结成几社。弘光元年(1645),夏允彝与陈子龙等在江南起兵抗清,兵败后投水殉节,时年近五十岁。夏完淳(1631—1647),明末诗人,夏允彝子,师从陈子龙。夏完淳"五岁知五经,七岁能诗文",十四岁匆匆完婚后即随父抗清,被俘不屈而死,年仅十六岁。遗腹子出世后夭折,夏家绝嗣。父子合葬墓今存于松江区小昆山镇。从夏完淳《别云间》可以窥见其志虑之忠诚:

> 三年羁旅客,今日又南冠。
>
> 无限山河泪,谁言天地宽!
>
> 已知泉路近,欲别故乡难。
>
> 毅魄归来日,灵旗空际看。

上述这些杰出的上海人也是春申君黄歇开拓进取、奉献牺牲精神的后继者,从他们身上,我们能看到春申君黄歇的影子。

七

再来看第七首:五口齐通商,外滩起洋行。乐园多冒险,杂处聚华洋。

中英《南京条约》签订后,上海是最早开埠通商的五个口岸之一。上海开埠后,外滩一带开始出现很多外国人开的洋行,上海成为西方冒险家的乐园,也成为华洋杂居、五方杂处的国际化大都会。现今我们徜徉上海外滩和上海街头,还不时能看到那个时代留下的建筑遗迹。

位于中山东一路 23 号沙逊大厦北侧的中银大楼始建于 1937 年,是一幢由中国人自己出资、自己建造的大楼,曾代表了中国民族资本主义的崛起和自信。中银大楼曾规划为三十四层,建成后将是当时上海最高的大厦。沙逊大厦的所有者沙逊先生不愿被抢了风头,为维护沙逊大厦的高度优势大兴诉讼,甚至一路告到英国,最后中国银行竟然打输了官司,只好造得比沙逊大厦略矮一些。

在那个冒险家纷纷登陆上海的时代,很多西方人在上海实现了自己的人生梦想,建筑设计师邬达克就是其中一位。拉斯洛·邬达克(1893—1958),匈牙利籍斯洛伐克人,1914年作为炮兵军官加入了奥匈帝国军队,后被俄罗斯抓获,送往西伯利亚战俘营。1918年,二十五岁的邬达克从战俘营流亡到上海,先在一家美国建筑事务所当助手,七年后在上海拥有了自己的建筑设计事务所。从1918到1947年,邬达克在上海接手并建成的项目不下五十个(单体建筑超过一百幢),其中二十五个项目被列为上海市优秀历史建筑,如国际饭店、大光明电影院、沐恩堂等,这些建筑像凝固的交响乐,至今还在演奏着"老上海""海派文化"和"海派精神"的旋律。

邬达克的故事告诉我们,自从上海开埠通商之后,春申君开拓的城市开始了现代化的步伐,来自东方的春申君的开拓精神和来自西方的冒险家的冒险精神在上海发生了碰撞,上海文化由此多了一种瑰丽的色彩。

八

再来看第八首:先施销金窟,永安秀霓裳。顾客是上帝,购物成天堂。

先施公司位于南京东路690号,是上海历史上第一家大型百货公司。先施公司的发轫地在香港,上海先施公司是其分公司,由华侨马应彪等于1914年创设。公司开业时从铺面到四楼设有二十三个大类商品部,兼营地产、保险、旅馆、酒楼、游艺场,有职工上千人。当年先施公司楼顶还建了上海最早的屋顶花园和游艺场,先施公司因而被称作十里洋场的"销金窟"。先施公司开创了上海乃至中国商业历史上的许多第一:除了它是第一家由中国人开办和经营的现代化百货公司以外,它还改变了顾客讨价还价的习惯,开了不二价的先例,它还破天荒地雇用了女售货员,先施公司的屋顶游乐场也开了上海大型综合游乐场的先河。

永安公司位于南京东路 627 号,由旅居澳洲的华侨资本家郭乐、郭顺兄弟创办。1897 年,郭氏兄弟在澳洲悉尼市创设了专营水果批发业务的永安果栏,后改名为雪梨永安公司。十年后,他们用积累的资本,联合当地一些华侨,合伙创设了以经销百货为主的香港永安公司。数年后,又把目光投向上海。郭氏兄弟选中了南京路上的一块地皮,与其业主——大地产商哈同签订了租期三十年、每年租金五万两白银的租约。1918 年 9 月 5 日,营业面积六千多平方米的上海永安公司正式落成,公司下设四十个商业部,经销商品一万多种,其中世界各国的高档商品占了八成。公司兼营旅社、游乐场、酒店等附属业务,形成了完整的经营体系。1929 年,郭氏家族第二代接班人郭琳爽从香港来到上海,任上海永安公司经理直至 1966 年。永安商场显眼处高悬霓虹灯英文口号"Customers are always right(顾客永远是对的)"。公司经常在商场内举办时装表演以招徕顾客,表演者大多是公司女职工。此外还有商品操作表演、美容表演、邀请电影明星演唱、赠送奖学金等一系列亲近顾客的促销手段,使永安在与同行的竞争中一直领先一步。

东西方文化碰撞的结果之一,是商业文明和消费文化开始植入上海人的灵魂,春申君后人开始变得时尚起来。

九

再来看第九首:百川归大海,包容纳四方。绵里藏针刺,不屈在四行。

不要误以为商业文明和消费文化会腐蚀春申君后人的灵魂,在春申君后人的灵魂深处,有些基本的文化基因一直没有改变,这就是坚强不屈的斗争精神。这一点在我们来到抗战时期的历史遗迹四行仓库旧址就会体会得非常深刻。

四行仓库位于光复路 21 号,苏州河北岸西藏路附近,是一座钢筋水泥结构七层大楼,是旧上海四家银行的储备仓库。1937 年 7 月 7 日卢沟桥事变后,日本发动了全面侵华战争。8 月 13 日,日军进攻上海。中国守军在上海及周围地区进行了三个多月的顽强抗战,粉碎了日军"二十四小时内占领上海"的疯狂叫嚣。10 月 26 日,日军攻陷大场、江湾、闸北、庙行地区。中国守军腹背受敌,为避免全军覆没,国民党当局决定将主力撤至苏州河以南阵地。为掩护主力撤退,谢晋元团长所率加强营自愿断后,以四行仓库为据点死守闸北,牵制日军。当时全营共有三个步兵连、一个机枪连、一个迫击炮连,共四百五十余人,对外仍用团番号,称八百人。

当时,四行仓库西面和北面是中国管辖地界,已被日军占领,东面是公共租界,南面是苏州河,河南岸是公共租界。四行仓库同未被占领的中国管辖地界完全隔绝,成为"孤岛",坚守四行仓库的八百壮士成了孤军。10 月 27 日中午,日军开始从西面逼近,遭中国守军顽强抵抗。28 日,上海各报均以巨大篇幅报道八百壮士的英勇事迹,关注中日战局的国际新闻界全部把目光投向四行仓库。谢晋元向新闻界宣布:"誓与敌拼死一周,永无遗憾。" 28、29 两日,日军动用飞机、坦克,连续向四行仓库发动猛攻。谢晋元亲手毙敌一名,日军遭重创。经过三昼夜浴血奋战,将士们已疲惫至极,谢晋元在阵地上赋诗一首鼓舞士气:

勇敢杀敌八百兵,抗敌豪情以诗鸣。

谁怜爱国千行泪,说到倭奴气不平。

上海人民积极支持孤军,信件、食品、药物源源不断地送入四行仓库。

每当壮士们击毙一名日军,在苏州河南岸公共租界大楼上观战的群众便挥动帽子、手巾激动欢呼。29日早晨,八百壮士将国旗高高升起在四行仓库大楼顶上,外籍人士亦无不为之动容。10月30日,日军向仓库发起总攻,战斗从上午7时持续到午夜,八百壮士歼敌两百余名,自己仅伤亡三十余人。考虑到预定任务已经完成,谢晋元命令守军于31日零点撤退。八百壮士挥泪表示执行命令,退入租界。

十

再来看第十首:缘起兴业路,租界一夜亡。中华英雄在,涅槃如凤凰。

兴业路是新天地北里和南里的分界。中共一大会址位于兴业路76号。会址是一座具有20世纪20年代上海市区典型民居风貌的砖木结构石库门建筑。1921年7月23日,中国共产党第一次全国代表大会在此举行,各地共产主义小组的代表毛泽东、董必武、李达、何叔衡、陈潭秋、王尽美等十三人在此讨论成立中国共产党的问题。其间因受法租界巡捕房暗探干扰,警觉的代表们随即转移到浙江嘉兴南湖的一艘游船上继续举行会议。

中国共产党的创立是中华民族历史上开天辟地的大事,不久之后,中国革命有了全新理论武装的领导力量,这一力量的孕育地正是春申君当年胼手胝足开拓奋进的地方。虽然参加中国共产党第一次全国代表大会的十三位代表最后只有两个人登上了象征新中国成立的1949年的天安门城楼,但是,正是前人用自己的牺牲和奉献为更多后人铺就了继续攀登的云梯。这也正如中共一大会址里董必武的题词所说的那样:"作始也简,将毕也巨。"

回眸两千年,再望春申君,我们也可以理直气壮地说,春申君黄歇所开拓的黄浦江两岸,也是"其作始也简,其将毕也必巨",将绘制出更加辉煌壮阔的美丽画卷,将打造出更加美丽和谐的人间天堂。

（本文选自上海安徽经济文化促进会寿县分会编印的《春申君论坛文集(第二辑)》。作者系中国浦东干部学院副教授,北京师范大学文学博士)

寻踪春申君　融入长三角

——将寿县打造成为全国特色文化旅游目的地

高　峰　谢欣然

　　古人云："德不优者,不能怀远;才不大者,不能博见。"两千多年前的"战国四公子"之一春申君黄歇,曾在今上海、苏州一带,治理申江,疏通河道,防治水患,兴修水利,造福一方,政绩显赫,深得民心。因此,上海的黄浦江,上海别称"申",都是为了纪念春申君黄歇。2002 年 9 月上海申博会上,一曲大气磅礴的《告慰春申君》,歌声犹在耳畔。

　　寿县位于安徽省中部、淮河中游南岸,总面积 2948 平方公里,全县辖 25 个乡镇,总人口近 140 万。寿县于 1986 年被国务院公布为第二批国家历史文化名城,是中国书法之乡、中国文学之乡、中国地名文化遗产"千年古县",先后荣获"全国文化先进县""全国文物工作先进县""全国文物系统先进集体"等殊荣。寿县历史悠久,古称寿春、寿阳、寿州,历史上五次为都,多次为州、郡、府、县治所。州来国、蔡国、楚国、西汉淮南国、阜陵国先后建都于此,这里是楚文化积淀地、豆腐发祥地、淝水之战古战场。寿县文化遗产底蕴深厚,素有"地下博物馆"之称,新建的安徽楚文化博物馆系首批国家一级馆之一。全县现有国家重点文保单位 6 处(安丰塘、古城墙、寿春城遗址、孔庙、清真寺、淮南王刘安家族墓地),其中安丰塘被列入世界灌溉工程遗产、中国重要农业文化遗产,古城墙被列入中国明清城墙申报世界文化遗产预备名单,寿春城遗址公园被列入第三批国家考古遗址公园立项名单。全县有省级文保单位 12 处,市级文保单位 32 处,县级文保单位 241 处,文物保护点 199 处,古建筑 154 处,同时拥有 2 项国家级(正阳关抬阁肘阁、八公山豆腐制作技艺)、9 项省级、13 项市级和 49 项县级非物质文化遗产项目。正阳关抬阁肘阁、寿州锣鼓先后获得第七届、第十四届中国民间文艺"山花奖"。

安丰塘

　　楚文化勃兴于江汉,东渐于江淮并扎根,楚国最终将八百年文化的精粹留在了安徽,将高度成熟的楚文化积淀给予了寿县。楚考烈王二十二年(前241)"东徙都寿春,命曰郢",黄歇任令尹。公元前 248 年,黄歇献淮北十二县土地,改封江东,"改封之后,封地以无锡为中心,西到镇江,东到上海,南到太湖,北到长江",楚文化从此向江东地区延伸发展。春申君黄歇治理江东期间,尊重知识,重视人才,崇尚文化礼仪,特别注重文化建设,遗风流布,极大地促进了楚文化与吴越文化的碰撞、交流和相互融合,并形成了最早的"海派文化"。因此,春申君堪称安徽与长三角历史渊源的开创者,其故地寿春则成为长三角文化的溯源之地、寻根之所。

一、楚文化,春申君开发江东的历史是融入长三角的先决条件

(一)寿县 1986 年被国务院批准为国家历史文化名城,它向世人昭示:这里蕴藏着深厚的人文资源

1.建置古远。寿县古时称寿春、寿阳、寿州。公元前 706 年,山东的州国被灭之后,其宗族南移,最终在八公山南部建立名为"州来"的方国。春秋时期,鲁哀公二年(前 493),寿县为蔡都。战国时期,楚考烈王二十二年(前 241),楚国国都迁往寿春,"命曰郢",当时寿春已是拥有数十万人口的大都会。西汉时,寿县又成为淮南国的国都,淮南王刘长及刘安在这个历史舞台上,演绎了一个个风云变幻、山川易色的历史故事。汉建安三年(198),袁术又称帝于此,寿春仍是拥有十余万人的重镇。自晋到唐宋,寿县一直以繁华著称于世,屡为州、府、道、郡的治所。所谓"扬、寿皆为重镇",是说历史上寿春与扬州相提并论,是同一层次上的重镇。由此看来,寿县在历史上多次建都,这为它以后的发展奠定了厚实的政治、文化和社会基础。

2.胜迹宏博。寿县悠久而辉煌的历史,留下了众多的名胜古迹。最令当地人引以为傲的是国家级重点文物保护单位的古城墙,被列入中国明清古城墙申报世界文化遗产预备名单。寿县古城墙系宋代熙宁年间重建,于嘉定年间续修,石基砖壁,形方角圆,城池面积 3.65 平方公里,周长 7147米,高 8.33 米,底宽 18—22 米,顶宽 4—10 米。城开四门,四周环绕护城河,绿树倒影,碧波荡漾。浑朴高大的城楼昂首雄峙,两边阵列雉堞,瞩远衔空,威严整肃。由于地理原因,寿县城墙具有御敌、防洪的双重功能,代有修缮,所以至今完好,为国内罕见。其形制、构造等方面有四大显著特点:其一,创建护城泊岸;其二,城门与瓮门在门向设置上变通处理;其三,与城内排泄水设置衔接一体;其四,创建城涵月坝。这般巧妙构思、科学设计,多有创意的设置,加上坚固雄伟的城垣,堪称金汤巩固、匠心独运。

寿县现存的古建筑有江淮名刹报恩寺,始建于唐代贞观年间,迄今已有1300多年的历史了,现在仍然是金碧辉煌、巍峨森严。大雄宝殿内的泥塑十八罗汉,为安徽省重点文物保护单位。始建于元代的学府孔庙建筑群,规模宏大,保存完整,气度恢宏,殿宇严整。傍左侧的魁星阁,势欲凌空,设计别致,为历代民间楼阁所罕见。与孔庙南北对峙的伊斯兰教清真寺是华东地区最大的清真寺,始建于明代天启年间,是伊斯兰教汉式建筑的典型,几百年来完好无损。其主体建筑无相宝殿的前后两殿为明清合璧之作,以勾连搭式衔接,飞檐交角,体势宏敞,加之银杏参天,更觉深幽静穆。

寿县是闻名中外的淝水之战古战场。公元383年,前秦与东晋之间发生的这场战役,成为中外战争史上以少胜多、以弱胜强的经典战例(为毛泽东和其他军事家所称道),在寿县留下了八公山下"风声鹤唳,草木皆兵"及"投鞭断流"等成语故事。

此外,始建于春秋时期的安丰塘(古称芍陂),也被列为国家级文物保护单位、世界灌溉工程遗产、中国重要农业文化遗产,是我国古代四大水利工程之一,被誉为"天下第一塘"。前人为了纪念兴建安丰塘的楚国令尹孙叔敖而建造的孙公祠,现在仍然屹立在安丰塘畔,柏树森森,殿宇肃穆。

寿县还有大量的古墓葬和古遗址,如春秋时的蔡昭侯墓、孔子弟子宓子贱墓,战国时的楚考烈王墓、赵国大将军廉颇墓、"战国四公子"之一的春申君黄歇墓,西汉淮南王刘安墓,三国谋士荀彧墓,魏晋南北朝、宋武帝刘裕之女寿阳公主墓,唐代孝贤董墓,清末状元、内阁大学士孙家鼐墓等,以及被列为国家级文物保护单位的寿春城遗址和斗鸡台遗址、安丰城遗址、青莲寺遗址、刘备城遗址,等等,无愧于"地下博物馆"之称。

3. 宝藏生辉。作为文物大县,寿县出土文物众多,跨越年代久远,品类繁富、绚丽多彩。数量众多的文物直观地展示着寿县数千年的文明史,放射出生命的光彩和艺术的光辉。如今,新城区建设了规模宏大的现代化的安徽楚文化博物馆,馆内藏品极为丰富,有不同时代的金、银、铜、铁、陶、瓷、玉、漆器等文物精品,经国家鉴定的三级以上文物6000余件,国家一级文物230多件(套)。如奇伟瑰丽的春秋蔡侯青铜器、精美浑厚的战国楚器、造型各异的汉代陶器模型,以及唐宋木雕、明清彩瓷,等等,展示着特有的艺术魅力,使游人得到一种高古悠远、美轮美奂的审美享受。寿州碑廊里嵌有历代名人碑刻,如宋代黄庭坚、元代赵子昂、明代董其昌及清代梁巘等大书法家的代表作,皆为不可多得的艺术珍品。

4. 文化灿烂。因为楚国迁都寿春,国宝重器、金玉珠宝、甲车武器,乃至文赋书简、工匠技艺等楚文化的精华咸集于此,使寿春成了楚文化的最后集聚地,造就了寿县古代文明史上的第一座高峰。之后,在寿县的土地上又诞生了一部中国哲学巨著——《淮南子》。《淮南子》是西汉淮南王刘安在寿春与其门客集体编著的。这部著作"牢笼天地,博极古今",是我国思想史上划时代的学术巨著,在科技史和文学史上均占有重要地位,许多历史故事、神话传说和成语典故,都出自《淮南子》。

东汉时的"时苗留犊"故事一直是吏治训示的典范,也是历代蒙学读物,现在仍有时公祠供人祭祀。

寿县悠久璀璨的文化哺育出一代代贤人志士。从楚相孙叔敖到一代帝师孙家鼐,从宋代吕夷简一门三相号称"三吕"到原地矿部部长孙大光等,俱风华绝代,青史留名。

浓郁的文化艺术氛围使寿县古今极盛书画之风,历代名家辈出,如清代著名书法家薛鸿,近代张树侯、孙多慈,当代草书大家司徒越等。

5. 红色热土。寿县这片古老而神奇的土地,也是孕育革命先烈的红色热土。20世纪上半叶,寿县红色文化孕育和滋养了风起云涌、跌宕起伏的革命风暴,无数寿县英烈谱写了一曲曲英勇顽强、不懈奋斗的壮丽凯歌。这里有1923年冬成立的安徽省第一个党组织——直属中共中央的小甸集特别支部。1931年,中国共产党领导的安徽第一次农民起义"瓦埠暴动"震惊江淮。曹渊、曹云露、曹少修"一门三烈士"光耀千秋。如今,在小甸集建起了"安徽第一面党旗纪念园",耸立着一座永远的红色丰碑。

(二)寿县奇山、名水、灵泉、怪石,构成独特的旅游自然资源,与人文资源相映生辉

1.蓄圣表仙八公山。八公山被古人咏为"峻极之山,蓄圣表仙",是淮南王刘安与八公修道炼丹之地。据说当年刘安论道炼丹时,不经意间发明了豆腐,所以,这里是"豆腐发祥地"。与此相关,还留下了"一人得道,鸡犬升天"等成语典故。在八公山的南麓,有一座高大的覆斗形陵寝——淮南王刘安墓。在其西边三公里处的牛麓长眠着为世人称颂的赵国大将军廉颇,游人前往凭吊、络绎不绝。八公山主峰四顶山上,帝母宫殿阁参差,檐牙高啄,现已基本恢复建成了道教建筑群,为安徽省道教基地之一。由于长期形成

八公山

的传统习俗,农历三月十五四顶山古庙会年年延续,来自周边县、市的香客和民众数十万人,或焚香膜拜,或赶会购物,"云集雾会,自昏达旦",盛况空前,蔚为大观。

阳春三月,八公山万亩果园,梨花竞放,一片雪白,十里飘香,被今人誉为寿阳八景之后的第九景——梨乡雪海。梨花节上,文人骚客咏会于此。"山不在高,有仙则名。"八公山这座神奇的名山,如今又注入了新的生机,增添了新的色彩,想象其未来的发展前景,令人兴奋不已。如今的八公山景区已经被评为国家 AAAA 级旅游景区。

2. 浩渺丰沛水文化。寿县西南有安丰塘,东南是瓦埠湖。安丰塘位于县城西南 30 公里处,面积 34 平方公里,远远望去,岸柳成行,烟波浩渺,一派波光荡漾、水天一色的泽国风光,至今已有 2600 多年的历史,比都江堰还早 300 年。因历代多次修浚,安丰塘至今保存完好。新中国成立后,引大别山区三大水库之水,安丰塘发挥着灌溉、运输、旅游、养殖等多方面作用,是安徽省著名的水域辽阔、环境幽静的人工休闲湖,远近游客慕名而去,流连忘返。

瓦埠湖位于县城东南,蓄水达 18 米高程时,面积为 148 平方公里,水深在 3—4.5 米,是安徽省第二大淡水湖。瓦埠湖周边无工业区,水质无污染,绿荫护堤,波光粼粼,是个天然养殖场和休闲好去处。塘中有几座小岛,各具特色,草木丰茂,水鸟翔集,流光云影,一望无际。湖的东岸有一座千年古镇瓦埠镇,孔子的得意门徒宓子贱病卒于此,并留有墓葬。因宓子贱被孔子盛赞为"真君子也",所以瓦埠镇又有"君子镇"之称,街容巷貌,沧桑古朴,风韵犹存,是人们休闲览胜和访古吊贤的绝佳之地。

3. 神秀奇幻珍珠泉。珍珠泉位于寿县古城北门外凤凰山下,《水经注》中有详细记载。泉水涌出时如一串串珍珠,圆润晶莹,长年不断,虽大旱之年泉水也不干涸。游人在泉旁"大叫大涌,小叫小涌,若咄之涌弥甚",故古称"咄泉"。这实在是大自然之奇观、人间之妙境。此外,玛瑙泉、大泉、饮马泉等,如群星散布在八公山南麓,清流汩汩,引人入胜,而驰名中外的八公山豆腐便是用这里的水制作的。

瓦埠湖大桥

4. 瑰丽天成紫金砚。八公山的紫金石瑰丽多彩,令人爱不释手。历史名砚紫金砚便由此石雕琢打磨而成,散发千年异彩。紫金砚曾流行于古代文士之手,被米芾、苏东坡极言赞誉,视为至宝。紫金砚的制作工艺一度失传,近年来寿县的能工巧匠恢复了这一技艺,使这一文化瑰宝千年后重新面世,再绽华彩。更为珍贵的是,八公山上还分布着淮南虫古生物化石群,属世界上发现最早的无脊椎动物化石,距今8亿多年。

总之,寿县旅游资源十分丰富,人文景观、自然景观一应俱全,涵盖了地文景观、水域景观、生物景观、遗址遗迹、建筑与设施、旅游商品和人文活动七个主类。寿县旅游资源具有六大特点:类型全,品位高,组合有序,区位优越,可进入性强,开发条件好。

（三）寿县文化旅游发展成效显著,目前已经初步建成四大特色旅游区

1. 寿州古城旅游区。这是一块由 7147 米的宋代城墙围起来的封闭区域,面积 3.65 平方公里,汇集了许多文物胜迹。古城墙的壮观、城门的别致、城涵的精巧,定会给游客留下深刻印象。"人心不足蛇吞相""凤凰落毛不如鸡""当面锣,对面鼓"等典故意味隽永。进入古城,各类古建筑点缀在闹市或深巷之中。西大街有宏伟的古建筑群孔庙、魁星阁、清真寺和全国人大常委会原委员长乔石题写馆名的寿春楚文化博物馆等,东大街有州署、福音堂、报恩寺、寿春镇总兵署、刘少海宅等,南大街有留犊祠,北大街区有状元府等。在古城漫步,寻游名胜的间隙,您还可以品尝独具特色的寿州传统美食大救驾、锅贴饺、辣糊汤、豆腐汤、豆腐脑等,可使您唇齿留香。

2. 八公山旅游区。八公山是国家级森林公园,面积 11.7 平方公里。登临其上,可以在松风野芳的陪伴下指点名山的青峰秀岭,倾听山涧名泉的轻滴漫流,小径上可偶见珍禽觅食、小兽奔突,山石间可寻觅地球生命起源进化的见证,春天带您赏万亩梨花,秋天伴您游十里果乡。八公山是历史名山。登"升仙台",让您想到"淮南鸡犬"的典故;穿过梨花深处,来到赵大将军廉颇长眠之地,您会想起"将相和"的千古佳话;凭吊淝水之战古战场,您会透过历史的烟尘,品味到前秦"投鞭断流"的霸气和东晋"围棋赌墅"的沉静;还能从苻坚"风声鹤唳、草木皆兵"的仓皇中感悟骄兵必败的箴言。来到八公山,也就找到了中国豆腐文化的源头。如今八公山中淮王丹井、淮南王刘安庙遗迹尚存。您不妨到中国豆腐文化村走一遭,看看那里家家磨豆腐的盛况,尝一尝用传统工艺和优质泉水制成的豆腐,或者干脆撮他一顿豆腐宴,您定会首肯——这就是正宗的中国豆腐,也就是让我们平安养生的最佳美食!

3. 安丰塘旅游区。说安丰塘为"天下第一大塘",主要有三条理由:一是其面积大,蓄水可达 1 亿方,灌溉面积近百万亩,如此人工大塘,天下仅有;

二是其历史久远,前文已述;三是由联合国大坝委员会已故名誉主席托兰亲临考察时所定,而且倍加赞誉,绝非今人凭空妄论。来到安丰塘旅游,可休闲观光,可水上娱乐,能乘舟到塘中岛垂钓或餐饮,可到孙公祠里凭吊先贤,可漫步于绿野小径,享受的是美景,收获的是闲适。

4.瓦埠湖旅游区。瓦埠湖水面空阔,风光优美,水产丰饶。沿岸几十公里湿地相连,动植物资源丰富,湖内有高地小岛,弥漫着浓郁的野趣,将成为省级生态保护区,是野营生态游的理想选择。紧邻湖岸,有瓦埠古镇相傍,这里不仅有"君子"遗风,而且有光荣的革命斗争传统。旅游区内有革命烈士纪念塔、曹渊烈士故居、方振武烈士陵园、小甸集特支遗址等,是红色教育基地。

我们将依托古城、山水等文化自然生态资源基地,以复城、兴镇、美村、添景等方式,以楚汉文化体验为突破口,寻踪春申君,融入长三角,整合寿县各项旅游要素,将文化创意、健康养生、科普教育、乡村休闲、山水休闲、田园观光等功能有机融合,将寿县打造成为国际知名文化休闲旅游体验目的地。

二、强力推进寿县文化旅游融入长三角

(一)强化政策引领,营造合作发展氛围

1.强化顶层设计。向长三角地区推出了旅行社组团奖励、高铁游、研学游奖补等一系列优惠政策,编制了《寿县全域旅游发展规划》等,推进旅游业态全景式布局、文旅产业全链条再造、基础设施全体系建设。

2.加强交流对接。着力打造文化旅游品牌,挖掘"国家历史文化名城""中国书法之乡""中国文学之乡"等优势资源,加强旅游项目建设、线路打造、宣传营销与长三角各城市的对接和交流,根据城市资源禀赋和产业特

色,联动发展。

3.营造全民参与。切实发挥市场主导作用,加大招商引资力度,充分调动长三角区域文化旅游企业和社会各界参与文化旅游发展的积极性和主动性,引导社会资本向旅游产业聚集。整合文旅产业资源,搭建文旅产业发展融资平台,培育本土文旅产业优质企业、龙头企业,集中力量干大事。充分发挥市场的资源配置作用,鼓励多种形式资本进入文旅产业,扩大产业融资渠道。

4.发挥区位优势。寿县交通便利,航空、航运、公路、铁路运输门类齐全。北距蚌埠仁和机场1小时车程,南距新桥国际机场1小时车程;合淮阜高速公路出口距古城仅5公里,济祁高速穿境而过,并有多处出口,到合肥仅需1个多小时,寿县到上海约3.5小时车程;距淮南火车站20分钟车程,距京沪铁路枢纽蚌埠火车站1小时车程。2019年12月1日,寿县高铁站正式开通运营。2025年,合肥地铁S1号线至新桥国际产业园将建成使用。寿县境内,淮河、瓦埠湖航道四通八达。引江济淮工程江淮运河纵穿寿县全境93公里,通江达海,为寿县发展带来新的机遇。

(二)推动产业升级,打造长三角文化旅游胜地

1.建设"十大旅游集聚区"。楚汉文化旅游集聚区、寿西湖-双桥乡村旅游集聚区、堰口-安丰塘特色民宿集聚区、滨湖休闲旅游集聚区、正阳关古镇旅游集散区、淠河乡村旅游集散区、瓦埠湖康养旅游集聚区、小甸红色旅游聚居区、创客乡村旅游集聚区、慢享田园旅游集聚区。

2.打造长三角寻根文化旅游样板工程。以重点项目为抓手,推进文旅产业实力不断壮大。立足寿春郢都楚文化、春申君开发江东等历史文化资源特色,抢抓古城区创建AAAAA良好契机,围绕山、水、城旅游格局,构建"一廊、一带、四心、四板块"的"1144"全域旅游大格局。"一廊":江淮运河民俗风情·百里画廊。"一带":古城及古镇历史文化体验带。"四心":以

寿州古城为依托的旅游休闲与综合服务中心，以炎刘镇为依托的南部游客集散副中心，以安丰塘为依托的中部游客集散副中心，以瓦埠镇为依托的东部游客集散副中心。"四大板块"：明确北部寿春镇、八公山乡、双桥镇、涧沟镇、丰庄镇为楚汉文化与山水休闲板块；中西部安丰塘镇、板桥镇、正阳关镇、迎河镇、张李乡、隐贤镇为古镇历史探秘与水韵休闲板块；东部瓦埠镇、陶店回族乡、窑口镇、堰口镇、小甸镇、大顺镇、双庙集镇、保义镇为滨湖康养与红色旅游板块；南部刘岗镇、炎刘镇、三觉镇、茶庵镇、众兴镇、安丰镇为田园观光与乡村休闲板块。

（三）聚焦宣传营销，加速融入长三角旅游圈

1. 强化宣传。加强与长三角各市合作，强化旅游主题形象宣传。《记住乡愁·寿县篇》亮相央视黄金时段；上海安徽经济文化促进会寿县分会举办"春申君论坛"，《人民日报》《安徽日报》《中国旅游报》《中国文化报》等多次报道寿县与长三角重点城市文化旅游合作交流情况。

2. 开展活动。建议开展寿县文化旅游年活动，以此为依托，面对长三角文化旅游市场，举办寿县旅游文化节主题活动。主动承接国家、省级体育赛事活动。与省、市联合举办高规格的旅游高峰论坛，向世界发出了寿县声音，引起国内外业界广泛关注。

3. 合作营销。抢抓"长三角一体化发展""淮河生态经济带"等国家重大战略机遇，联合省内其他地市以及周边市、县，创新性开展活动，延长旅游线路，形成合作共赢的良性发展格局，全面推进寿县文化旅游融入长三角。

（作者高峰系中国作家协会会员，安徽省作家协会诗歌专委会委员，淮南市作家协会副主席；谢欣然系寿县文化和旅游局副局长）

黄浦滔滔慰春申

——兼析楚文化的形态特征

林 伟

　　寿县,位于安徽省中部、淮河南岸,古称寿春、寿阳、寿州,历史上五次建都。公元前241年,"战国四公子"之一的楚国令尹春申君献策迁都寿春,又自请封于江东。他用了十几年时间,在吴地建都邑,修城郭,治水路,筑宫室,开商市,成就了楚国最后的辉煌,也奠定了今天以苏州、上海为中心的长三角地区在政治、经济、文化上得以繁荣的历史基础。

　　春申君本名黄歇(前314—前238),祖籍黄国(今河南潢川),著名的"战国四公子"之一。黄歇游学博闻、善辩。楚考烈王元年(前262),以黄歇为相,封为春申君。春申君明智忠信,宽厚爱人,以礼贤下士、招致宾客、辅佐治国而闻于世。楚顷襄王时,秦昭襄王派大将白起带兵打败韩国和魏国,后来又联合韩、魏两国共同讨伐楚国,形势危急,楚顷襄王派能言善辩的春申君出使秦国,说服了秦昭襄王退兵。后楚顷襄王病重,春申君设计使留在秦国作为人质的楚太子熊完逃回楚国即位,即楚考烈王。楚考烈王任他为相。在秦军围攻邯郸时,春申君带兵救援,后又为楚北伐灭鲁。在楚考烈王病死后,李园令人埋伏于皇宫大门内,杀死了春申君及其全家,终葬于寿春城南约八公里的李郢孜。因为春申君,寿县留下了"三千珠履""门里人""当断不断,反受其乱"等故事。

　　公元前241年,楚考烈王接受春申君建言,将都城由陈郢(今河南淮阳)

迁到寿春(今安徽寿县)。《史记·春申君列传》:"考烈王元年,以黄歇为相,封为春申君,赐淮北地十二县。后十五年,黄歇言之楚王曰:'淮北地边齐,其事急,请以为郡便。'并因献淮北十二县,请封于江东。考烈王许之。春申君因城故吴墟,以自为都邑。"这时春申君由淮北十二县改封江东吴地。十几年中,他在改封的广大地域内,充分利用吴地的三江五湖之利,在吴的故墟建都邑,修城郭,筑宫室,开吴市,治水筑路,造福一方。仅仅十年,江南的财富就像打开魔盒似的,喷涌而出。他政绩显赫,深得民心,至今在"江东封地"长三角地区影响深远。

春申涧

筑城湖州,修建下菰城,春申君为湖州开城鼻祖。春申君初封江东时,楚越在吴故地的争夺是异常激烈的,以致吴故都破坏成墟。《越绝书》卷二《吴地传第三》云越君"失众",推测当时越统治集团内部可能出现很大的分歧,楚破越后,越君集团据保于会稽山。其他势力集团则"以此散,诸侯子争立,或为王,或为君,滨于江南海上",有的还"服朝于楚",当然还有的继续与楚对抗。《后汉书·郡国志·吴郡》"安"县下注引《越绝书》:"有西岑冢,越王孙开所立,以备春申君,使其子守之,子死,遂葬城中。"可见越王孙开还在安地拒抗春申君。春申君为统治太湖南岸重地,防止越族残部作乱,在吴国废弃的城堡上设置军事重镇菰城县。菰城县的设置是湖州历史有正式建置之肇始。在今湖州市建有"历史文化名人园",并塑有春申君像。

《江阴志》记载:"(春申君)请地于江东,于是城吴故墟以为鄂邑。故今以春申君为号者居多,如申港、黄田港、君山、黄山之属是也。"江阴有"春申旧封"之称,春申君在江阴开凿申浦河、黄田港,江阴的申港、黄山都因春申君黄歇而得名。现在江阴申港建有佛教圣地君山寺和春申公园。

采矿无锡,春申君饮马惠山,留下黄公涧、春申涧等遗址。春申君在无锡修建陵道,即陆道,今无锡钱桥的龙山梢尚留遗迹。他在无锡的舜柯山修"黄城",在白水荡修行宫;在无锡惠山开凿了"无锡塘";在无锡湖(芙蓉湖)"治以为陂";在"语昭湖"开凿"语昭渎",引水向东至"胥卑"的大田;在"胥卑"又开渠道,向南沟通太湖。他大修水利使农业丰收,创造了财富,成了无锡的"财神爷"。惠山黄公涧旁有春申君祠,后来迁到锡山北麓,称大王庙,百姓尊春申君为保民大王。无锡民间尚有梅雨季节到黄公涧"游大水"的风俗。从2005年开始,锡惠名胜区对春申涧进行全面的景观改造,营造了"人在涧中走,涧在脚下流"的林泉景观,保证一年四季游人都能看到"春申飞瀑"的水声景观。除此以外,还建600余平方米的残垣断壁、茅屋驿舍,再现千年春申君庙遗址。

储粮太仓,建立稳固后方。江东东仓即为太仓。公元前238年,诸侯兼并之战不断,春申君为供军需给养,于其辖地娄江口置东仓囤粮,其规模为"东仓周一里八步"。宋时将东仓改称太仓,其名沿用至今。

开江上海,开浚了上海的母亲河——黄浦江。当时春申君巡察封地民情,来到松江东部。这里有条小江连通着太湖和淀山湖,是太湖最重要的排水出海通道,江水有一定的含沙量,涨潮时江水挟带泥沙进入沿河两岸其他河港,退潮时流速减慢,导致泥沙沉积,使河床不断淤高。春申君来时,这条小江严重淤塞,两岸丰水期内涝成灾,淀山湖至东海之滨的广袤原野(今天的上海市域)一片沼泽。老百姓深受水涝灾害,当地人烟稀少,满目荒凉。这条小江被当地百姓咒为"断头河"。春申君巡视后,一眼看出了这片土地的价值,他要把这块泽国变成千里沃野的粮仓。于是他大规模组织人力,带领百姓疏通了河道,筑起了堤坝,开掘了一条5公里的河道,与东海、黄海之间的长江出海口连通,使当地水系分明,把泽国变成了良田,造福了百姓,当地经济也得到长足发展。人们为纪念他治水的功绩,就将他率先治理拓浚的河道称作"黄歇浦"。后因吴淞江淤积严重,河道日小,而黄歇浦则逐渐演变成太湖入海的主要通道,当地人为纪念春申君,就将此江称作"黄浦江""春申江"。这是中国最早有记录的人工运河之一。现在上海人把它称为母亲河,简称申江。这也是上海别称"申"的来历。上海市松江区新桥镇春申村,曾是春申君当年开浚黄浦江的"指挥所"。至今,民间还流传着一首脍炙人口的儿歌:"嘟嘟嘟,嘟嘟嘟,爷娘去开黄浦江,而后再开春申塘,领头的大爷叫春申君,住在伲村黄泥浜。"春申村历史上曾建有祠堂,2002年,松江区政府投资在春申村原址上重新兴建春申君祠堂。祠堂内设有春申君史料及松江古迹、历史名人名作。著名的松江籍学者和书法家施蛰存、程十发、郑为为祠堂题写了匾额。祠堂西面为大型铜雕照壁"上海之根",展现松江两千多年的历史文化。

修宫苏州,废墟上重建苏州,春申君受奉城隍神。吴被越吞并后,又经历了楚越之战,所以春申君来到这块封地时,已是断墙残垣,一片废墟。春申君只得在今江苏苏州"吴墟"上另起宫室,再造殿堂。在《越绝书》上有很多记述,如:"今太守舍者,春申君所造。后壁屋以为桃夏宫。今宫者,春申君子假君宫也。前殿屋盖地东西十七丈五尺,南北十五丈七尺。堂高四丈……殿屋盖地东西十五丈,南北十丈二尺七寸……春申君所支造。吴两仓,春申君所支造。西仓名曰均输,东仓周一里八步。吴市者,春申君所造,阙两城以为市。"春申君为使苏州等城邑免受水患,于是大力兴修水利、发展农业。苏州人民为了纪念春申君的功德,建了春申君庙,今在苏州市王洗马巷内。该庙建于明代,重修于清代同治年间,1990 年、2008 年苏州市道教协会再修,现存大殿、戏楼、二殿、厢房、道舍等建筑,占地 8261 平方米,是苏州道教界举行宗教活动的主要场所。另在苏州市古城最繁华的景德路察院场口,是苏州府城隍庙。城隍是百姓为了满足自己的愿望而塑造出来的保护神,希望其能够"剪恶除凶,护国保邦",能够保佑风调雨顺,四季平安。而苏州的城隍神,便是春申君。他为百姓做过很多好事,是受百姓爱戴的人,百姓希望他死后能继续保护百姓。苏州城隍庙现在也成了苏州著名的旅游景点之一。春申君想不到,他的显赫政绩能够在江东影响两千多年。时至今日,上海、苏州、湖州、无锡等地均将其供奉为神,修建了很多春申君祠或城隍庙,香火鼎盛。

2002 年 2 月 3 日,摩洛哥蒙特卡洛传来喜讯,上海力压韩国的丽水、俄罗斯的莫斯科、墨西哥的克雷塔罗和波兰的弗罗茨瓦夫,获得了 2010 年世博会主办权,中国申博代表团成员高唱的歌曲是《我们伟大的春申君》。同年 9 月,上海申博成功的欢庆晚会上的第一首歌就是《告慰春申君》。观古思今,两千四百多年前的春申君,给上海这座美丽的城市,留下了厚重的历史业绩和无法磨灭的烙印!

在历史的长河中,其身其绩所折射出的楚文化是中华民族古代辉煌文化的组成部分。"楚"既是地域概念,又是民族概念,也是国家概念。楚文化有着两千多年的历史,它吸取了众多文化之长,又保留了自己独具魅力的文化形态和文化特征。

从目前的考古成果来看,在当时,楚国有最先进的青铜冶铸技术,有最早的铁器,有工艺成熟、形式精美的竹木漆器,有极富创造力的丝绸刺绣,有货币史上第一枚金币,还有极具辩证思想的老庄哲学,浪漫的屈骚文学,超凡脱俗的音乐、舞蹈、绘画、雕塑。就世界史横向比较,从公元前6世纪到公元前3世纪的三百年间,东西方文化争辉,我们完全可以把楚文化与同时期的古希腊文化并列,作为世界文明的代表。在科学技术方面,楚国的青铜冶炼、铸铁、丝绸、漆器早于古希腊。在音乐艺术方面,楚国的编钟乐舞、楚乐的"八音",水平之高,举世公认,也在古希腊之上。在哲学方面,老子和庄子奠定了中国传统哲学的基础,与古希腊哲学各有所长。在国家政体建设、货币制度方面,楚国则比古希腊更为完善。在交通运输上,古希腊航海在前,陆路车运则楚国在先。而古希腊人在理论科学、造船航海、体育竞技、写实艺术、建筑技术等方面要比楚国擅长。可以说,楚文化和古希腊文化在地球的东西方,同时登上了世界古文明的光辉殿堂。

楚考烈王二十二年(前241),赵、楚、燕、魏、韩共攻秦国。考烈王为纵长,春申君具体负责,军至函谷关,秦师反击,五国兵罢。为避秦国攻击,"楚东徙都寿春,命曰郢"(《史记·楚世家》),史称寿郢(今安徽寿县)。楚国的政治、经济、文化的中心移至寿春,把大量青铜重器带到这里,更把楚文化的精神内核带到了这里。虽然这一时期楚国基本处于动荡之中,也只有短暂的十八年,但楚文化并未随着楚国的灭亡而消失。楚国被秦国灭亡后,楚文化也被秦文化所改造和接受。后来在楚人灭秦的过程中,楚文化又得以部分恢复。随着西汉中央集权的建立,楚文化融入更广泛、更深入的汉文化之中。楚文化在接受、包容其他文化为己所用的同时,也对其他文化产生了重大影响,这在其周边区域的文化遗存中都可以找到实证。正是各区域文化的相互影响和相互作用,使得楚文化在中国古文明的多元、复杂文化因素的融合中发扬光大,并连续发展了两千多年。

楚国虽经两千多年的沧桑变化，但楚文化灿烂的物质遗产、文化遗产和精神遗产，对今天中国的快速发展仍具有重大的现实意义和深远的历史意义。

艰苦创业，自强不息。探寻楚国人先辈艰苦创业的历程，可以追溯到公元前 11 世纪。夏商更替之际，战火连年，楚先祖辗转迁徙到了荆楚地区。到西周末年，楚人还是一个弱小的部落。熊绎成为部落首领后，率部族定居在江上楚蛮之地，"筚路蓝缕，以启山林"。正是这种筚路蓝缕的精神，成为楚国强盛的立国之本，也成为中华民族史上艰苦创业的典范。周初，周成王会盟诸侯，熊绎出使受到冷遇。熊绎回来后告知群臣，立志发奋图强，发展生产，扩大疆土。通过几代人的努力，从熊绎到熊渠，疆域不断扩展，国力不断增强，由一个方圆不足百里的小国发展成泱泱大国。到春秋时期，楚庄王饮马黄河，问鼎中原，楚国经济得到空前发展，当时楚国都城"车毂击，民肩摩，市路相排突，号曰朝衣鲜而暮衣敝"。正是凭着艰苦创业的奋斗精神，楚国创造了先秦发展史上的奇迹。

锐意进取，开拓创新。对楚人的创新精神历史上有很多记载：楚国灭了权国，楚君熊通自行称王，在政治体制上创新，于今湖北荆门设立"县"制，将其列为一级行政区划，改变了贵族分封制度，进而引发了军事、土地、赋税改革。早于商鞅变法的吴起变法，是楚国历史上一次悲壮的革新运动，也是一次大胆的改革运动。楚考烈王十五年（前 248），春申君献所受封之淮北十二县，改封于江东，以吴墟故城为都邑，兴筑宫殿、粮仓，开挖渠道、运河，开创了富庶强盛的江东（今长三角地区）。楚怀王六年（前 323），怀王命工尹为鄂君启之府铸制水、陆经商通行金节，舟节、车节（文物现珍藏在北京故宫博物院和安徽博物院）分别记载水、陆行经路线、地名，以及免税、纳税的有关规定，这种行制的创新，实现了商业的快速发展。楚人在哲学思想、文学创作方面都做出了杰出的贡献。以文学而言，庄周的散文奇诡莫测，变化无穷,气势浩荡,意象峥嵘;楚辞宗师屈原,后人评价为"气往轹古,辞来切今,惊采绝艳,难与并能",道出了楚辞惊世骇俗的奇异之美。楚人的浪漫革新,创造出了灿烂辉煌的楚文化。

兼收并蓄,融汇开放。在先秦的诸民族中,楚人的民族偏见最少,主张民族融合,强调兼收并蓄,能够融合其他民族、国家包括来自南洋、西方的文化。在这方面突出的事例不少,比如被称作"蜻蜓眼"的玻璃珠源于地中海东部,由南亚传入楚地,成为迄今为止中国最早的中西文化交流的实例,这条"玻璃之路"比丝绸之路大约早四个世纪。楚在初创时期,楚王没有与周王室的血缘姻亲关系可依,没有辽阔的疆域可恃,只有积极主动地学习他人之长,补己之短,学以致用,以独立强盛为目标,因而楚文化表现出极大的开放性、多元性和务实性。这些特征多基于楚人善于学习、包容众长的博大胸襟。青铜冶炼正是楚人学习吴越地区人民的技术发展起来的。楚国曾经兵伐鲁国,鲁国为了避免战事,奉送楚国一百名刺绣工、一百名木工和一百名纺织工。楚国接纳了这三百名技艺高超的工匠,迅即退兵。这三百名工匠传授的先进技术,对楚国的手工业发展起到了很大的作用。这些事例充分体现了楚人兼收并蓄,学他人之长,补己之短,以发展楚国的可贵精神。

率先垂范,热爱祖国。在丰富的楚文化中,有很多例子反映了楚人的爱国主义精神。如申包胥为了求得秦国发兵救楚,在秦国朝廷中哭了七天七夜,终于感动了秦王;楚将屈瑕战败,感到对不起家乡父老,以死谢罪,开楚国将帅以身殉职的先河;楚武王、楚文王、楚庄王、楚共王等都身先士卒,亲临战阵,体现了非常坚定的爱国主义精神。更有代表性的是爱国主义诗人屈原,屈原有"鸟飞返故乡兮,狐死必首丘"这样的诗句,其精神千秋万代为世人景仰,成为民族脊梁的象征。楚被秦灭时,楚人南公说:"楚虽三户,亡秦必楚。"这不仅是预言,也是誓言。果然,不过十六七年,秦国就在以楚国后裔为主要力量的农民起义中被推翻。楚人的这种爱国主义精神,超越了时空,融入中华民族的血脉之中。

科技领先,经济腾飞。楚国有尚武之风,如荆州博物馆有一种叫"连发弩"的文物,这种弩可以连发十箭(李白写秦始皇五言绝句,其中有"连弩射海鱼"的诗句),可见楚人在冷兵器时代很早就懂得应用科技研发武器了。公元前642年,楚人着力于铜矿的开采与铜器的冶铸,已能大量制作青铜礼器、兵器、乐器及生产、生活用具。楚工匠为克服生铁性脆易断裂的弱点,采用铸铁柔化技术,使生铁铸件变成韧性铸铁,楚国铁制农具锄、锸、镰刀等在江、汉一带相继使用,促进了楚国农业生产的大发展。楚怀王元年(前328),楚丝织品已有绢、绨、纱、罗、绮、绵、涤、组、缛等多种,并已使用提花织机织锦,其色彩鲜艳,工艺繁复,经久耐用。另外楚国在天文、历法、数学等理论研究及在采矿、建筑等技术应用方面也都有独特的贡献。楚国重视科学技术的研发,并将其转化为当时最为强大的支柱产业,大大提高了社会生产力,实现了经济的腾飞,成就了楚国的一番霸业。

寿县拥有五千年的灿烂历史和丰富的文化积淀。作为古楚郢和汉淮南国国都的国家历史文化名城,寿县以其独有的名山、名水、名人、名城资源,享誉海内外。我们正积极挖掘楚汉文化,着力打造楚汉文化,并利用丰富的人文资源推出了四条精品旅游线路,即文物古迹游、豆腐寻根游、赏花品梨游、宗教朝觐游。

古寿春畅怀邀胜友,春申里挚意待嘉宾。我们热忱欢迎您到楚汉故都、国家历史文化名城寿县旅游观光。寿州之旅,阅古赏今;山水之游,别有情趣。寿县定会让您高兴而来,满意而归!

(作者系寿县书法协会秘书长,寿县历史文化研究会副秘书长)

春申君 IP 开发与"让传统文化活起来"新机遇

唐晓军

从公元前 262 年,楚考烈王赐给黄歇淮北十二县,封为春申君算起,迄今已经过去 2285 年。今天,我们在这里纪念春申君,探讨这位历史名人在江南大地上曾经建立的丰功伟绩和他的成败得失,对于更好地弘扬中华优秀传统文化、推动文化旅游产业和文化创意产业发展、构建和谐社会将产生积极而重要的影响。

一、"春申君"是从四川、河南、湖北到长三角广袤区域共同的历史文化遗产

"战国四公子"之一的春申君黄歇是楚国政坛上一位举足轻重的人物。在硝烟弥漫的战国时代,他凭借个人高超的政治谋略和过人的胆识气魄,为晚楚政权的延续做出了卓越贡献。他明智忠信、宽厚爱人,以礼贤下士、招致宾客、辅佐治国,为长江三角洲的早期开发,并使之最终成为中国经济发达、文风昌盛的地区做出了不可磨灭的贡献而名扬天下、彪炳史册。

春申君的历史印记遍布四川达县,河南潢川,湖北江夏,安徽寿县、六安,环太湖的湖州、嘉兴、苏州、无锡、常州、常熟、江阴和上海。在这些地方,以其名、其封号命名的景点、企业、域名、商铺,举目皆是。例如潢川的春申

街道办事处、春申旅行社、春申路、春申中学、春申公园,达县的春申雕像,无锡的春申涧,苏州的春申堰、春申埭、春申湖、春申庙,松江的春申村、春申君祠,湖州的春申遗址下菰城,上海的黄浦江、申江、春申江、黄浦区、春申路、春申村等。

全国各地现存春申君相关遗迹和有关春申君的典籍、地方志、民间传说,说明从古迄今这些地区一直存在着对春申君的文化认同,期待多地联手、合作开发,促进文化旅游产业转型升级。

二、文化资产和数字文化资产的历史性机遇

2023 年以来,以 ChatGPT 为代表的生成式人工智能技术在全球范围内掀起了人工智能投资和各行各业数字化转型的浪潮,"创作者经济""共创经济"等新业态、新模式不断涌现,文化资产、数字文化资产作为文化创意产业、文化旅游产业、文化产业的核心资产,迎来了历史性的高光时刻。

趋势一:"新文科"人才成为香饽饽。

"新文科"是各高校根据教育部要求和部署,在传统文科的基础上对各专业课程重组,形成文理交叉,即把现代数字技术、现代科技等融入哲学、文学、语言、传统文化等专业人才培养中,通过综合性的跨学科学习,达到知识扩展和创新思维的培养要求。例如复旦大学新文科实验室的"虚拟博物馆"和 DNA 让文物"讲故事",复旦大学中华古籍保护研究院/复旦大学文物保护创新研究院的文物材料学、大数据索引、传统修复技艺相结合的跨学科培养研究生新模式,中国人民大学的艺术品金融跨学科人才培养创新模式,等等,正在吸引和培养越来越多的高端人才,受到博物馆、古籍研究单位和文化科技企业的欢迎,成为推动文物保护创新和"让文物活起来"产业链的中坚力量。

趋势二:文化科技融合的趋势越来越明显。

AIGC(人工智能生成内容)已成为提升内容生产效能的重要手段,通过增强数字内容在生产分发等环节的智能化、数字化、可控性,探索一种高效、稳定、低成本的优质内容产出模式,推动内容工业化进程。同时,内容工业化的快速发展也带来消费侧的视听体验革命,推动文化消费全面升级,满足个性化的市场需求。在博物馆领域,以 AIGC 为代表的新一代 NLP(自然语言处理)技术能够实现博物馆藏品、文化和数据等内容的自然语言解析和推理,并构建与用户的高效、流畅和个性化的交互,推动博物馆的智能化进程,提升文化传播的服务品质和效率,为公众提供更为友好的互动场景,为研究人员提供更便利的检索条件,为管理者提供更为高效的管理手段。在媒体行业,AIGC 已成为提升内容生产效能的重要手段,智能化、云端化的新闻采编,机器生成新闻、虚拟数字人主播等成为传统新闻报道的有力补充。在内容分发方面,算法推荐逐渐占据信息流分发的主导地位,实现内容聚合和精准推荐、快速匹配信息与人,算法支撑着文化产业的生产运转与服务效率,推动了视频等内容平台传播力的爆发。

趋势三:文化旅游融合日益深入。

文化是文旅项目的灵魂。在各类"文物+"、"文化+"、ChatGPT(人工智能技术驱动的自然语言处理工具)、区块链、元宇宙和 DAO 等前沿技术的加持下,文旅融合正从单一要素融合走向全方位融合,有效提升旅游产业链各环节的文化价值内涵,将文物价值挖掘、文化价值演绎融入旅游产业链各环节,实现旅游业态价值提升、产业升级。

趋势四:"第六次收藏热"正在兴起。

中国历史上曾经有过五次收藏热(第一次收藏热:北宋时期;第二次收藏热:晚明时期;第三次收藏热:康乾盛世;第四次收藏热:晚清到民国初期;第五次收藏热:20 世纪 80 年代迄今)。与前五次仅关注文物的经济价值

（显性价值）不同，由于 ChatGPT、NFT（非同质化代币）等数字化工具的出现，第六次收藏热开始转向以文物"潜在价值"（历史价值、文化价值）开发为重点方向，正在形成"让文物活起来"产业链（包括文物服务业、文物衍生产业两部分）。与此同时，文物"潜在价值"的挖掘正在引发文物流动性不断增强。自 2023 年年底以来，古董和艺术品市场明显活跃起来，成交量和成交价格也节节攀升。

趋势五：数字文化资产正在成为重要的资产门类。

文化数字资产是拥有数据权属的（包括挖掘权、使用权、所有权、管理权）、有价值的、可计量的、可读取的数据资产信息，是基于数字化平台的数字集合性的新形态资产，是一种新的资产形态。它包括文物大数据、文化遗产大数据、古籍大数据、方志大数据、家谱大数据、数字藏品和电子书籍、音乐、电影、游戏等数字文化创意产品。

趋势六：以 RWA（现实世界资产代币化）为代表的虚实融合模式的出现正在加速文化金融的转型、解构与重塑，加速"让文物活起来"和"让传统文化活起来"。

任何可以被标记化并在链上表示的实物资产都可以称为 RWA，如房地产、现金（美元）、金属（金、银等）、奢侈品、债券、保险等。RWA 代表了把区块链技术应用于实体经济的有效路径——通过代币化把各类实物资产影射为区块链资产，实现资产的全流通和高效交易，是金融体系升级换代的必然方向。2023 年 7 月，香港特区政府在政策宣言中表明资产代币化（RWA）是香港作为全球 Web3.0 中心的一个重要范畴，证明特区政府及传统甚至中资金融机构亦有意于在虚拟资产及 Web 3.0 上边发展。同时，特区政府在公开场合亦提及过 RWA 可以细分化传统的金融产品，带来更多流动性及交易量，让一些比较小的投资机构甚至散户可以参与香港 RWA 的政策走向正在引发全球收藏家和投资者的密切关注。

三、如何抓住"让传统文化活起来"的机遇

AIGC 为核心的数字人文、数智文旅的发展和"让传统文化活起来"产业链尚处于"春秋战国阶段",需要春申君似的人物、春申君的智慧,也需要从传统文化和现代科技的结合中创造出符合新时代要求的"文物(化)+"平台化的商业模式。为促进"春申君文化圈"城市打造"文物(化)+"产业集群,特提出如下建议:

1.学习借鉴浙江等地经验,由地方政府牵头制定并实施"文化基因解码工程",将文物、古籍、文献、地方志和各类文化资源"活起来"融入其中,结合各地政府的"双招双引"和创新创业,出台吸引、选拔、培养文化科技复合型人才的政策和招商引资政策、创新创业政策。

2.由各地文旅部门牵头,支持文化科技企业、文旅企业、当地高校和职业院校合作,建立"文物(化)+"产教融合平台,培养数字人文、智慧文旅领域的领军人才、复合型人才、专业人才。

3.建立"让博物馆活起来"联盟,形成"文博空间"众创模式,吸引大量人才参与文物学习、文物研究,形成文物、文化资源各类"增值文化 IP"(文物故事、文物小视频、文物 NFT、ChatGPT 文物、文物 IP、文化 IP)的商业模式以及企业博物馆、家族博物馆、商业中心博物馆等创新型博物馆商业模式。

4.与樊登读书会、杨澜读书会、总裁读书会等平台合作,形成"三读"(读城、读物、读书)的拓展商业模式,让"书中自有黄金屋"的时代回归寿县、湖州、常熟、无锡、苏州等古城。

5.与复旦大学文物保护创新研究院、上海自贸区国际文物艺术品服务平台合作,共同打造覆盖长三角、跨境合作的人才链、产业链、创新链三条价

值链互联互通的创新矩阵。

四、关于打造"春申君人才直通车"的建议

春申君是寿县的骄傲,也是寿县与上海之间交流沟通的一张金灿灿的历史名片。在长三角一体化的大背景下,通过政府支持、寿县上海经济文化促进会牵头,吸引两地企业和人才参与,打造"春申君人才直通车",促进寿沪之间的人才合作、信息互通、技术融合、资源共享,促进寿县经济社会更快、更优、更高质量发展,将是对春申君最好的纪念,也是深度挖掘春申君品牌历史文化价值的画龙点睛之笔。

春申君的品牌价值。作为著名的"战国四公子"之一的春申君,在寿县、上海两地都是闻名遐迩,尤其是《芈月传》《秦王赋》等电视剧热播后,春申君黄歇的名字更是妇孺皆知,具有极高的品牌价值,值得深度开发。

在上海,春申君既是位名垂千秋的历史人物,更是为"申地"兴盛有过重大贡献的人物。黄浦江相传为春申君开凿,故又称春申浦。在上海,黄浦江、申江、春申江、黄浦区、黄申路、春申村等,均为纪念这位开申之祖。

因此,开发、经营好"春申君"这个大 IP 资源,对于寿县融入、对接上海这座国际大都市,吸引人才,吸引投资,促进寿县经济转型升级和社会全面发展,可以产生巨大的"吸粉"效应。

建立寿县——上海春申君人才直通车的重要意义。人才是创新之源、发展之本。面对百年未遇之大变局,寿县要抓住历史机遇、快速发展,关键在人才。建立寿县、上海"春申君人才直通车",一是可以充分借力春申君的历史名人效应,在安徽和上海之间形成人力资源服务的著名品牌;二是可以整合寿县人才,助力寿县搭上长三角一体化这辆"顺风车",参与到安徽与上海合作的项目中,打造寿县和上海之间文旅产业链、农旅产业链、康养产

业链的"活环";三是可以整合上海的政策资源、科技资源、金融资源,为寿县企业、寿县人才发展赋能。

寿县—上海"春申君人才直通车"的主要内容:

1. 在政府支持下,依托寿县、上海经济文化促进会等社会组织,在寿县、上海两地设立人才工作站。以寿县籍在沪人才为基础,吸引更多人才(包括有志于、有意向参与到寿县和上海之间合作的各地人才、企业家),形成智库人才、行业领军人才、技术人才、专业人才组成的"寿县人才库"。在工作中形成动态完善机制,不断充实、完善、做大做强"寿县人才库"。

2. 以项目制为工作机制,为寿县政府部门、相关企业、产业园提供人才服务、技术服务、资源整合服务,促进寿县产业链做大做强。通过人才工作站整合供需两方面资源,提供包括咨询项目、培训项目、产学研合作项目、投融资项目的服务。

3. 重点围绕脑科学、数字化转型、碳中和碳达峰、健康产业、智慧文旅、农旅融合等新兴产业和寿县发展需求,整合资源,提供服务。

(本文选自上海安徽经济文化促进会寿县分会编印的《寿申君论坛文集(第二辑)》。作者系教授、工科博士,复旦大学文物保护创新研究院特聘专家)

全面融入长三角　建设现代化美好寿县

朱绍学

寿县深入学习贯彻习近平总书记关于长三角一体化发展的重要讲话和重要批示精神,按照中央和省、市部署要求,积极抢抓机遇,强化分工合作,创新体制机制,在全面融入长三角产业一体化发展、推动开发区高质量转型发展上迈出了坚实步伐,取得了明显成效。

为了更好地深度融入长三角一体化发展,寿县要抓住区域协调发展重大战略机遇,加快推进与长三角发展县区战略合作,深度对接合肥都市圈,促进科创产业深度融合及要素对接,在长三角一体化发展中贡献"长板"、做好"样板"、加厚"底板",发挥在经济社会发展中的"稳定盘"、自主创新中的"发动机"、改革开放中的"探路者"的作用,以一流业绩奋力实现建成现代化美好寿县。

一、强化顶层设计,全面落实长三角一体化发展。长三角一体化发展是项系统工程,要加强党的组织建设,建立健全领导体制和工作机制,指导、协调和推动相互间重大事项、重大项目、重大关切的共商共建。相关部门要全面落实国家、省、市关于长三角一体化发展的文件精神,全面解读上海、江苏、浙江、安徽三省一市长三角一体化实施方案,深刻把握周边地市的具体实施方案,注重顶层设计,寻求合作机会。成立领导组和专家顾问团,主要领导亲自挂帅,建立健全推进长三角一体化发展的协调、督促、保障、奖惩、

肥河新貌

损益补偿机制,确保规划纲要和主要目标任务能顺利实现。提高区域政策的协同发展,建立一体化统筹协调机制,毗邻地区之间政策基本步调一致,措施保持相互配套,政府部门之间可选派干部挂职交流,人员之间多往来多沟通。组织寿县党政代表团赴沪苏浙发达地区考察,学习先进经验,开展专题研讨交流,像沪苏浙地区那样善于把政策"吃干榨尽"。

二、坚持规划引领,推进更高质量一体化发展。高质量编制并完善"十四五"规划,发挥规划的龙头和引领作用,主动对接跟进淮南市、六安市、合肥市、南京市的规划修编,以融入合肥都市圈、南京都市圈,对接合肥市为主攻方向,做好毗邻区域空间、产业发展、基础交通等一体化发展专项规划,实现毗邻发展共绘"一本规划、一张蓝图"目标。重点开展寿县与淮南同体、寿县与合肥一体化发展研究,配合合新六城际铁路、合肥新桥机场 S1 线建设,促进两地规划互融、基础设施互联、产业形态互补、人文交流互通。加大重点项目申报力度,促进重大平台、重点项目与沪苏浙对接,争取更多的项目纳入长三角规划方案中,努力争取更多的政策和资金支持。做好产业承接文章,紧扣长三角一体化发展契机,结合寿县产业发展现状,高质量承接苏浙沪产业转移。落实寿县与上海梅陇镇、江苏省常州市武进区签订扎实推进长三角一体化发展战略协议。

三、抢抓战略机遇，打造循环畅通的引力场。长三角一体化发展机遇。中共中央、国务院印发《长江三角洲区域一体化发展规划纲要》，为寿县加快融入长三角一体化、全面推进淮河生态经济带、深度融合合肥都市圈、打造合淮同城化先行区奠定了基础。皖北承接产业转移集聚区建设机遇。2020年10月，国家发改委印发《促进皖北承接产业转移集聚区建设的若干政策措施》，为寿县引进优质项目、发展战略性新兴产业集群、与沪苏浙产业转移承接促进平台搭建提供了政策支持。大别山革命老区振兴发展机遇。国家提出支持大别山革命老区发展适应性产业和特色经济，并在开发区创新升级、新型城镇化建设等方面给予重点支持，为寿县特色产业发展、城市能级提升提供强力支撑。安徽自贸区设立机遇。2020年9月，国务院印发《中国（安徽）自由贸易试验区总体方案》，批准设立涵盖合肥、芜湖、蚌埠三个片区的安徽自贸区试验区，为寿县依托合肥片区，打造自贸区联动区创造了条件。引江济淮工程建设机遇。将彻底改变寿县水运交通、物流条件，为寿县进一步提升产业发展水平、区域竞争力和集聚力提供全方位支撑。

四、紧扣发展需求，打造承接长三角产业转移示范区。紧抓长三角一体化和皖北承接产业转移集聚区等战略机遇，紧扣重点产业发展需求及短板，加快承接产业转移，打造承接长三角产业转移示范区。可借力合肥承接产业转移示范园区，打造寿蜀产业园区和新桥国际产业园区为合肥都市圈绿色转型示范区。以建设安徽自贸区合肥片区为契机，主动对接合肥自贸片区，加快寿县新桥经济开发区平台升级，推动新桥产业园区为合肥自贸片区的协作区，主动承接合肥自贸片区重大项目建设和巨大辐射效应，探索与合肥自贸片区的合作模式，努力成为合肥自贸片区功能配套优先承载区。推进寿县与合肥市、淮南市、六安市全面合作共建，围绕规划、产业协同、基础设施、生态治理、公共服务等方面开展合作共建，确保取得实质成效。研究长三角特别是合肥主导产业布局，坚持补位发展、协同发展，全面推行"链长制",立足农副产品加工、装备制造、家用电器三大主导产业和新能源、新材料、生物制药三大新兴产业,聚焦合肥、南京、杭州、上海乃至整个长三角地区,加快形成产业链供应链配套。以楚汉文化、豆腐美食文化和旅游资源等为抓手,探索开展旅游"一卡通"和"一票通"试点,加强与长三角地区旅游项目、产品、服务等对接融合。围绕"数字寿县"建设,引进一批有带动效应的高质量电商企业入驻"互联网+物流园"。

五、立足区位优势,打造开放合作平台。加快实施统一的市场准入负面清单制度,最大限度减少行政审批事项,规范审批流程,实行公开化、电子化。推进长三角地区证照、检验检测等共认,实现标准统一、尺度统一。强化招商引资力度,依托县经开区产业基础和优势,以"建链""补链""强链"为目的,整合招商活动资源,建立完善招商资源库、项目库和客商资源库。积极发挥合淮合作园区、新桥国际产业园和寿蜀现代产业园承接平台作用,面向合肥经开区大力承接白色家电、高端装备制造和集成电路等产业。新桥国际产业园重点招引装备制造、新能源汽车及零配件、新一代信息技术等领域重大项目,新桥国际产业园北区重点招引农副产品精深加工、纺织服装制衣、装备制造、现代服务业等领域重大项目。加快乡镇小微园建设,完善园区等基础设施建设,提升园区产业发展集聚功能。积极推动县经开区与长三角产业相近园区进行省际合作园区建设,加快打造第三方农副产品加工产业园、装备制造产业园、电子电器产业园和新材料产业园等"园中园"。学习沪苏浙与安徽各工业园跨区域合作园区经验,从搭建产业链对接服务平台、健全园区高层常态化互动交流机制、完善企业和项目落地协调及跟踪机制、建立以股份分成为重点的利益分配机制到探索双方人才互挂职人才交流制度等方面破解未来合作园区体制机制难题。加快合淮合作科创园(区)建设步伐,鼓励通过外引、借力等多种途径集聚园区急需的技术、金融和人才等方面资源。

六、推进产业集聚，实现集群发展。推进产业集聚发展，培育特色产业集群，是发展壮大工业经济的必由之路。第一，要壮大龙头企业引领带动。龙头企业是实现产业集聚发展的核心带动力。要总结大型企业全国布局战略等成功经验，鼓励引导龙头企业把握国家构建国内国际双循环战略机遇，在更广阔市场积极抢占人才、技术、市场等战略制高点，真正成长为带动能力更强、产业影响力更大、掌握市场话语权的产业集群领头羊。第二，要培育后备企业梯次发展。要针对企业不同发展阶段的需求，制定差异性的扶持政策，通过财政、金融政策重点倾斜和"标准化扶持"+"个性化服务"，帮助中小企业发展壮大，推动进入更高层次梯队，培育新的龙头企业。第三，要推进精准招商裂变发展。随着长三角一体化发展深入推进，沪苏浙地区对外产业转移的力度必将进一步加大，对寿县承接产业转移、引进培育新的主导产业而言是重大机遇。因此要密切关注沪苏浙地区产业转移动态，对他们即将对外转移而在寿县有较大发展空间的产业，要提前做好产业谋划，跟踪对接，加大招商引资力度，促进沪苏浙企业组团式、集群式落户寿县，快

山水名城（图片提供：王晓珂）

速形成规模效应和竞争优势。

七、深化互惠共享，推动文化旅游教育医疗一体化。着力在一体化发展中补短板、强弱项，努力在教育、卫生、医疗、社保等民生事项上协调政策、资质互认、融通兑现，实现公共服务资源便利共享。充分发挥寿县历史文化和生态资源优势，构建"问道八公山、访古寿春城、拜水安丰塘"名山、名城、古塘全域旅游格局，创建"国家历史文化名城"两日游和三日游知名全域旅游品牌。瞄准长三角中心区客源市场，加强营销宣传，促进旅游项目、产品、服务等对接融合，探索推出"畅游长三角""惠民一卡通""旅游护照"等产品。积极参与长三角旅游市场和服务一体化建设，立足长三角，打造上海、南京、合肥、寿县旅游线路和精品旅游景区。整合串联全县人文历史景点、红色教育基地、农业观光和乡村旅游景点，推出"楚汉文化游""豆腐寻根游""江淮运河游""红色经典游""乡村体验游""深度研学游"等一日游和两日游精品线路。推动寿县新桥大学城建设，加强与合肥、淮南、南京、杭州、上海等地高校的对接与合作；加强与中国科学技术大学、合肥工业大学、安徽农业大学、安徽医科大学、安徽理工大学、淮南师范学院、安徽医学高等专科学校等高校的对接，整合高校及其附属学校的优质教育资源，寻求合作办学。加快县级公立医院综合改革步伐，探索推进社区医院建设，支持县内医院加入长三角城市群医院协同发展战略联盟；加强与安徽医科大学附属医院、安徽省立医院等对接，落实在新桥园区合办分院尽早落地，从而进一步带动寿县本地医疗水平的提升。

（作者系寿县县委党校高级讲师）

后　记

　　寿县政协文化文史和学习委员会编辑的《寿县文史资料第十辑·寻绎春申君》特辑出版了，这是寿县政协和广大文史工作者践行习近平文化思想的生动实践。

　　编辑出版《寻绎春申君》特辑，充分彰显了寿县政协和社会有识之士对优秀传统文化的重视。通过介绍春申君黄歇的生平、筚路蓝缕开发江东的事迹，生动再现了黄歇跌宕起伏的一生，同时对其世界观、人生观进行了客观评判。

　　深入挖掘和研究春申君黄歇，发现和展示其辅佐楚国成就霸业、开疆拓土、兴修水利、开发江东的历史贡献，对于今天的寿县传承发扬优秀传统文化，加快融入长三角都具有十分重要的现实意义。

　　寿县政协文史资料的编辑，就是围绕寿县历史文化的资源禀赋，做好挖掘、整理、研究，擦亮国家历史文化名城和千年古县的名片，让更多的人发现寿县，走进寿县，热爱寿县！

赵鸿冰